Jornada de Fe

En breve:

- Jesús te invita a venir a la Iglesia.
- El RICA es un tiempo para hacer preguntas.
- El proceso del RICA tiene cuatro etapas.

Bienvenido al RICA

No es una coincidencia que estés leyendo estas páginas. Algo o alguien ha hecho que estés considerando el Catolicismo como una posibilidad para tu vida. Quizás tu esposo o tu esposa, o un amigo cercano es católico, o viste o leíste algo que hizo que te surgieran preguntas y nació en ti un interés por saber más. Incluso la misma enfermedad o la muerte pueden llevarnos a pensar en Dios.

Todas esas son buenas razones. También es algo bueno el que les hayas prestado atención a esas experiencias y sentimientos. Dios nos habla a través de los acontecimientos importantes de nuestra vida, a través de nuestros deseos e inclinaciones y a través de otras personas. Procura seguir prestando atención a todas las señales que aparezcan en tu vida y no dejes de buscar hasta que te hayas encontrado una respuesta que te satisfaga.

Toma tu tiempo

No hay prisa; tiene sentido que vayamos a nuestro paso y que seamos cautelosos y prudentes ante las decisiones más importantes de nuestra vida. La gente rara vez se casa, compra una propiedad o cambia de carrera o de ciudad sin una debida reflexión. Nuestro interés inicial nos lleva a una ulterior investigación, la cual nos ayudan a conocer mejor nuestras opciones y a nosotros mismos. Es posible que hayas sentido esta inquietud antes y que solo hasta ahora has decidido hacerle caso. Lo sepas o no, ya has comenzado un camino de amor con Jesús.

Nuestra fe es mucho más que un conjunto de creencias —aunque las tengamos—, sino una relación con nuestro Señor. Una relación que comienza y se desarrolla conforme lo contemplamos y nos encontramos con Él en nuestra vida. Las relaciones son más fuertes y sanas cuando se construyen sobre terreno firme. Respetamos y confiamos en las decisiones que han sido bien tomadas y se han hecho libremente.

- *¿Cómo tomamos decisiones?*
- *¿Por qué estás interesado en saber más sobre la Iglesia Católica?*

¿Qué significa RICA?

RICA significa **Rito de Iniciación Cristiana para Adultos**. Es el proceso por el cual los adultos y niños mayores no bautizados son instruidos en las enseñanzas y prácticas del Catolicismo e introducidos en la Iglesia Católica. Consiste en diversos **ritos**, que por lo general tienen lugar en la Misa dominical. Algunas veces participan en el proceso cristianos bautizados adultos o católicos que se están preparando para recibir los sacramentos de la Confirmación y la Eucaristía.

¿Por qué los católicos invitan a otros a su fe?

Jesús dijo a sus seguidores "vayan, pues, y hagan discípulos a todas las gentes" (Mateo 28:19). Ninguna otra religión de la antigüedad buscó la conversión de los demás: ni los egipcios, ni los griegos ni los romanos. Solo los cristianos —no solo los católicos— todavía acogen e invitan a quien desee a unirse a ellos porque están convencidos de que:

CIC 1229–49

- Seguir a Jesús hace a la gente más feliz y le ayuda a estar en paz, tanto en esta vida como en la futura. Creemos que la Iglesia Católica tiene el conocimiento más auténtico y completo de Jesús.
- La comunidad cristiana se fortalece con la conversión de todos los seres humanos, que han sido creados a imagen y semejanza de Dios y están llamados a ser discípulos de Jesús.

"Yo he venido para que tengan vida y la tengan en abundancia".

Juan 10:10

"Les he dicho esto, para que mi gozo esté en ustedes y su gozo será colmado".

Juan 15:11

Jesús dice, "¡ven!"

- "Vengan y lo verán" (Juan 1:39).
- Jesús invita a la gente a verlo y a comprobar que cumple lo que promete. Tú vas a estudiar a Jesús de cerca en el RICA.
- "Vengan conmigo" (Mateo 4:19). Estas son algunas de las primeras palabras que Jesús dijo en su ministerio. No dijo, "entiéndanme" u "obedézcanme". Permitió a las personas que reflexionaran en sus palabras y que libremente sacaran sus conclusiones.
- "Ven y sígueme" (Marcos 10:21; Lucas 18:22). "Síganme" es quizás la definición más sencilla de nuestra fe. El RICA es como un camino sinuoso: es difícil ver todo desde el principio, pero se revela conforme avanzas. Afortunadamente, Jesús es quien nos guía.

¿Qué sucede en el RICA?

El proceso es una serie de sesiones semanales con un equipo de **catequistas** (profesores de religión), animadores y otros participantes. Cada sesión es un lugar donde se puede hablar de la religión con libertad y examinar preguntas sobre el Catolicismo o la religión y la espiritualidad en general. Todas las respuestas son acogidas con respeto.

Dios invitó a María a ser la madre de Jesús porque Jesús no podía nacer sin su consentimiento libre e informado. Antes de dar su consentimiento, María preguntó "¿cómo será esto?" (Lucas 1:34). Como María, todos tenemos la libertad de aceptar a Jesús en nuestra vida y de hacer preguntas. Así es como Dios respeta —e incluso espera— tus preguntas sinceras.

¿Es algo nuevo el RICA?

Este proceso comenzó en los primeros años de la vida de la Iglesia. En aquellos primeros siglos, era todo un reto convertirse al Cristianismo porque el Imperio Romano a menudo perseguía a los que no seguían la religión pagana. La Iglesia quería asegurarse de que los candidatos sabían realmente lo que estaba haciendo y que estaban decididos a defender su fe en un ambiente hostil. En los años sesenta, la Iglesia quiso volver a este antiguo modelo para proporcionar formación cristiana de manera gradual respetando la forma en que la gente entra en cualquier relación de amor duradera.

- *¿Qué preguntas tienes actualmente?*

¿Cuánto dura el RICA?

Depende. La gente viene con su propio pasado y necesidades. Mientras muchos comienzan al final del verano o al inicio del otoño y terminan en Pentecostés, algunos calendarios pueden variar y tomar todo un año para permitirte caminar a tu propio paso.

Jornada de Fe

En breve:

- Dios concede la fe con soberana libertad.
- La fe, la ciencia y la razón no se oponen entre sí.
- La fe crece cuando la alimentamos y la compartimos con los demás.

"Por la fe somos capaces de someter nuestras mentes y corazones a Dios, de confiar en su voluntad y de seguir la dirección que Él nos da".

(Catecismo Católico de los Estados Unidos para los adultos, 37)

- *¿En quién o en qué tienes fe?*

¿Qué es la fe?

*"La **Fe** es garantía de lo que se espera; la prueba de lo que no se ve".*

Hebreos 11:1

La fe a menudo se refiere a la creencia religiosa, pero en realidad podemos tener fe en muchas cosas. La fe se basa en la confianza, un elemento esencial para cualquier relación sana. Cuando éramos niños confiábamos en que nuestros papás, profesores y demás personas que nos cuidaban se encargarían de proveer a nuestras necesidades y seguridad. Después esa confianza se extendió a nuestros amigos, compañeros de escuela, relaciones románticas y Dios.

Para los católicos, su mayor fe o confianza la depositan en Dios como se nos revela a través de Jesucristo. A medida que crecemos en nuestra relación con Jesús, alimentamos nuestra fe y confiamos en Él, y llegamos a creer en su mensaje. Nuestras vidas se enriquecen y se llenan de sentido. La fe es nuestra respuesta libre a la invitación de Dios llena de amor.

"No los llamo ya siervos, porque el siervo no sabe lo que hace su amo; a ustedes los he llamado amigos, porque todo lo que he oído a mi Padre se lo he dado a conocer".

Juan 15:15

¿Cómo se siente la fe?

El anhelo de Dios se encuentra inscrito en la naturaleza humana (*CIC* 44). San Agustín escribió: "Nos hiciste, Señor, para ti, y nuestro corazón está inquieto, hasta que descanse en ti" (*Confesiones* 1.1). Este anhelo se manifiesta de forma distinta en cada persona. Para muchos es la consecuencia de la búsqueda de un sentido a la vida. A medida que nos hacemos preguntas fundamentales como ¿quién soy?, ¿de dónde vengo?, ¿a dónde voy?, etc., llegamos a preguntas cada vez más profundas hasta que nos topamos con el deseo de Dios. Estas preguntas son un reto para nuestra inteligencia, pero las respuestas no son suficientes al igual que nuestros esfuerzos por encontrar la felicidad en lo que el mundo nos ofrece. Terminamos deseando algo más.

Este deseo de "algo más" es el inicio de nuestra respuesta al llamado de Dios a ser sus amigos. Recuerda las palabras de san Agustín: "Nos hiciste, Señor, para ti". En otras palabras, está inscrito en nuestra naturaleza volver a Dios, nuestro Creador, y responder a su amor con nuestra vida. El Catecismo nos dice: "El deseo de Dios está inscrito en el corazón del hombre, porque el hombre ha sido creado por Dios y para Dios" (*CIC* 27).

¿Significa esto que vivir la fe es sencillo? ¿Que nunca vamos a tener luchas o a sentirnos lejos de Dios? La cercanía de Dios no se puede medir con los sentimientos. Dios está igualmente cerca de nosotros cuando luchamos y cuando nos sentimos llenos de paz y gozo.

La fe en Dios es un lente con el que miramos toda la vida. Encontramos fuerza en nuestra fe en los momentos de dificultad y las alegrías de la vida tienen mayor sentido cuando las vemos como regalos salidos de la mano de Dios.

> *"A quien aman sin haberlo visto; en quién creen, aunque de momento no lo vean, rebosando de alegría inefable y gloriosa; y alcancen la meta de su fe, la salvación de las almas".*
>
> *1 Pedro 1:8–9*

¿Tener fe significa que no podemos hacer preguntas o tener dudas?

Preguntar nos ayuda a conocer mejor el mundo y a los demás. Dios suscita preguntas en nuestro corazón y en nuestras mentes para acercarnos a Él y a su voluntad. También nos da la capacidad de percibir, de razonar y nos da una conciencia para ayudarnos a llegar a la verdad. La fe busca entender.

La verdadera fe no es anti-intelectual; recurre sin temor a la ciencia, a la historia, a la lógica, a la imaginación y a las emociones. La Iglesia Católica se encuentra tan enraizada en la verdad que te apoyará y ayudará a encontrar las respuestas que estás buscando. Puede suceder que no siempre entiendas o que las respuestas no sean de tu agrado, pero la Iglesia cree que Cristo está presente en ti y en tu jornada de fe.

> *"Porque no busco comprender para creer, sino que creo para llegar a comprender".*
>
> *San Anselmo de Canterbury, Proslogio, capítulo 1*

Llamados a la fe

> *"Entre tanto Saulo, respirando todavía amenazas y muertes contra los discípulos del Señor, se presentó al sumo sacerdote, y le pidió cartas para las sinagogas de Damasco, para que, si encontraba algunos seguidores del Camino, hombres o mujeres, los pudiera llevar presos a Jerusalén".*
>
> *Hechos 9:1–2*

Para algunos, el don de la fe llegará de manera sorprendente. Un día, un hombre llamado Saulo se encontraba de camino a un pueblo llamado Damasco. De repente quedó cegado por un resplandor y escuchó una voz. "Cayó en tierra y oyó una voz que le decía: 'Saulo, Saulo, ¿por qué me persigues?'" (Hechos 9:4). Y así fue que de perseguidor de cristianos se convirtió en seguidor del mismo Jesucristo, además de llegar a ser un gran maestro que enseñó a la persona de Jesús por todos los lugares por los que pasó. Dios incluso le cambió el nombre de Saulo por el de Pablo, como signo de su nueva identidad como seguidor de su Hijo (Hechos 9:1–19).

La Biblia y la fe

La concepción que tiene la fe católica de la fe se basa fundamentalmente en la Escritura. El mensaje esencial de muchas referencias bíblicas a la fe es que se trata de un don concedido libremente por Dios. Cristo acompaña en su caminar a cualquiera que le abre el corazón:

"Pues todos son hijos de Dios por la fe en Cristo Jesús".

Gálatas 3:26

"Pues han sido salvados por la gracia mediante la fe; y esto no viene de ustedes, sino que es un don de Dios".

Efesios 2:8

"Jesús le dijo (…) ¡Todo es posible para quien cree! Al instante gritó el padre del muchacho: '¡Creo, ayuda a mi poca fe!".

Marcos 9:23–24

- *¿De qué forma la participación en el RICA es un signo de tu fe que está creciendo?*
- *¿Por qué decimos que tu fe es un don? Da un ejemplo.*

En breve:

- La Trinidad son tres personas en un solo Dios.
- La Trinidad se revela en las Escrituras.
- Podemos relacionarnos con cada una de las personas divinas.

La Santísima Trinidad

> *"Así Dios es el Padre, Dios es el Hijo, Dios es (también) el Espíritu Santo; y, sin embargo, no son tres dioses, sino un solo Dios".*
>
> *Credo de san Atanasio*

Los católicos a menudo comienzan sus oraciones con el signo de la cruz y las palabras: "En el nombre del Padre y del Hijo y del Espíritu Santo". Al hacerlo, expresamos nuestra fe en las tres personas divinas llamadas en su conjunto la **Santísima Trinidad**. Esta sencilla, pero significativa oración y el gesto que la acompaña nos ponen en contacto con el misterio que se encuentra en el corazón de la vida y de la fe cristiana.

Esto es algo difícil de comprender: ¿tres personas en un solo Dios? Esa es precisamente la razón por la que la Iglesia lo llama "**misterio**". De hecho, "El misterio de la Santísima Trinidad es el misterio central de la fe y de la vida cristiana" (*CIC* 234). No es un misterio en el sentido de que es un rompecabezas que algún día un genio va a poder resolver. Un misterio, en sentido religioso, es una verdad o una realidad profunda que está más allá de lo que ninguno de nosotros puede experimentar o entender. Es algo parecido al "amor" o a la "gracia". Por más que Dios se nos revele, por más intensas que sean nuestras experiencias, sabemos que siempre habrá algo más.

El corazón del misterio de la Santísima Trinidad es que "Él mismo es una eterna comunicación de amor: Padre, Hijo y Espíritu Santo, y nos ha destinado a participar en Él" (*CIC* 221).

Creados a imagen de Dios, estamos llamados a la comunión en el amor con los demás. A menudo sucede que experimentamos el amor de Dios a través de las relaciones humanas.

- *¿Qué relaciones te han ayudado a experimentar el amor de Dios?*

La Trinidad en la Biblia

La Trinidad ha sido parte de la fe cristiana desde los inicios de la Iglesia. San Pablo escribió en el año 57: "La gracia del Señor Jesucristo, el amor de Dios y la comunión del Espíritu Santo sea con todos ustedes" (2 Corintios 13:13). Esa despedida afirma que hay tres personas en un solo Dios.

Este misterio de la vida e identidad de Dios se reveló gradualmente en la Escritura:

1. El Padre se reveló a sí mismo al antiguo Israel. En un mundo que adoraba a muchos dioses, Dios enseñó a los israelitas que él era el Único Dios que había creado el mundo. De cualquier forma, incluso el Antiguo Testamento nos da algunas pistas sobre la Trinidad. Dios creó el mundo con su "palabra" y su "aliento" (Salmo 33:6). La Palabra (el Hijo) de Dios y su aliento que da vida (Espíritu) están presentes a lo largo de todo el Antiguo Testamento.

2. Después vino el Hijo, quien se reveló en la Encarnación: "En el principio existía la Palabra y la Palabra estaba junto a Dios, y la Palabra era Dios (...). Y la Palabra se hizo carne, y puso su Morada entre nosotros y hemos contemplado su gloria" (Juan 1:1, 14).

En Navidad celebramos la **Encarnación**: Dios que viene a habitar con nosotros sobre la tierra como Hijo (Jesús), con carne humana. Cuando se aplica a Jesús, "El nombre de Hijo de Dios *significa la relación única y eterna* de Jesucristo con Dios su Padre" (*CIC* 454, cursiva nuestra). Esto significa que en el corazón de la vida de Dios hay una relación Padre - Hijo: "[el Padre] no lo es sólo en cuanto Creador; Él es eternamente Padre en relación a su Hijo Único" (*CIC* 240). El Padre y el Hijo están tan cerca entre sí, que comparten una sola naturaleza.

3. Por último, fue enviado y revelado el Espíritu Santo. En el bautismo de Jesús, hay una manifestación de cada una de las personas de la Trinidad: el Hijo es bautizado, el Padre habla y el Espíritu desciende en forma de paloma:

> *"Entonces se presenta Jesús, que viene de Galilea al Jordán, a donde Juan, para ser bautizado por él (...). Una vez bautizado Jesús, salió luego del agua; y en esto se abrieron los cielos y vio al Espíritu de Dios que bajaba como una paloma y venía sobre Él. Y una voz que salía de los cielos decía: 'Este es mi Hijo amado, en quien me complazco'".*
>
> *Mateo 3:13, 16–17*

Conforme se acercaba el momento de su muerte, Jesús comenzó a hablar del Espíritu prometido que iba a mandar después de su resurrección (Juan 14:16-17, 26). Las palabras de Jesús se cumplen cuando el Espíritu baja sobre la Iglesia el día de Pentecostés, cincuenta días después de su resurrección en la Pascua.

En aquel día, el Espíritu "se manifiesta, da y comunica como Persona divina (...). En este día se revela plenamente la Santísima Trinidad" (*CIC* 731–732). Compartiendo la única naturaleza divina, el Espíritu Santo es tanto el espíritu del Padre como el espíritu del Hijo (*CIC* 245).

En la historia de la salvación, las tres personas de la Trinidad se revelan de acuerdo con un orden: Padre, Hijo y Espíritu. En nuestra propia historia espiritual, nosotros también vamos conociendo progresivamente a cada una de las personas divinas, pero no siempre en ese orden. Algunos primero conocen a Jesús y sólo después desarrollan una relación con el Padre y el Espíritu.

- *¿A cuál persona de la Santísima Trinidad te sientes más cerca ahora mismo? ¿Por qué?*
- *¿A cuál de las personas divinas te gustaría conocer un poco más?*

Hablar de Dios: el vocabulario de la fe

Una buena forma de aprender la fe católica es analizar las palabras y las oraciones. El Credo de Nicea, es una importante declaración de aquello en lo que creemos, expresa con palabras nuestra creencia en tres personas y un solo Dios:

- Comienza diciendo que nosotros "creemos en un Dios": un ser, una conciencia, una voluntad, una mente, una realidad divina, única, infinita y todopoderosa. La Iglesia utiliza términos como "sustancia", "esencia" y "naturaleza" para describir esa unicidad (*CIC* 252–253). Pero la bondad y el poder de Dios lo comparten tres personas. Cada **persona** es completa en sí misma y distinta de las otras, sin embargo sigue siendo completa y eternamente Dios.
- El Padre todopoderoso" es "quien hizo el cielo y la tierra". Vemos al Padre como al Creador y causa de todas las cosas.

En breve:

- Cristo es el camino para llegar al Padre y a la salvación.
- Jesús es plenamente humano y plenamente divino.
- Puedes tener una relación personal con Jesús.

"Movidos por la gracia del Espíritu Santo y atraídos por el Padre nosotros creemos y confesamos a propósito de Jesús: 'Tú eres el Cristo, el Hijo de Dios vivo'".

CIC *424*

"Confesar que 'Jesús es Señor' es lo propio de la fe cristiana".

CIC *202*

¿Quién es Jesucristo?

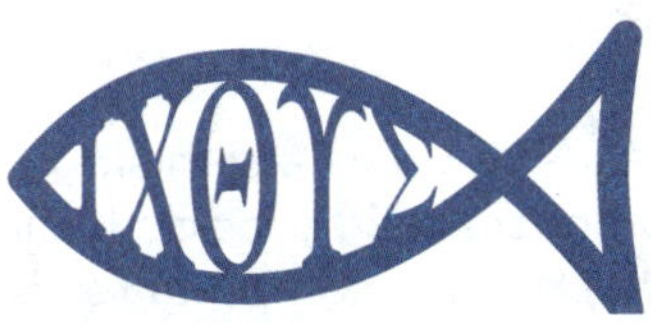

¿Qué es lo que ves en la imagen de arriba? Los primeros cristianos usaban la imagen del pez como un código secreto que indicaba que eran seguidores de Jesús. Algunas veces el ojo del pez era una pequeña cruz. También verás el acrónimo ***ijthys***. Cada una de las letras (iota, ji, theta, ípsilon y sigma) representa la inicial de una palabra que junto con otras conforman la frase "Jesús Cristo, Hijo de Dios, Salvador". Cuando los primeros cristianos veían que otra persona trazaba la imagen del pez o escribía la palabra ijthys, de inmediato sabían que estaban ante otro cristiano y que estaban a salvo de la persecución, pues ellos se debían los unos a los otros y al Señor.

Si bien la fe católica utiliza muchos símbolos para hablar de verdades profundas, nuestra fe se basa en la persona y vida de Jesucristo. Jesús nos une entre nosotros y con Dios. Solo Cristo da sentido a nuestra fe y toda creencia y práctica conducen a Él, y estas se relacionan entre sí y con Él para ofrecer un panorama completo de la verdad.

La verdadera identidad de Jesús

La existencia terrena de Jesús no puede negarse; la investigación histórica ha establecido la fecha y el lugar aproximados de su nacimiento, así como las circunstancias que rodearon su crucifixión. Aquellos que lo conocieron estaban seguros de su origen, llamándolo "el carpintero, el hijo de María" y "el nazareno" (Marcos 6:3; 14:67; ver también Mateo 13:55).

La pregunta fundamental, por tanto, es saber si Jesús es Dios, si sus milagros, enseñanzas, muerte y resurrección tienen un significado real y duradero para toda la humanidad. Incluso en su tiempo y en su región, muchos eran escépticos sobre Él. Los judíos estaban esperando al Mesías, pero esperaban a un guerrero poderoso. Nunca se imaginaron que su Salvador tendría orígenes tan humildes. Cuando Jesús les preguntó a los apóstoles: "¿quién dice la gente que soy yo?" (Marcos 8:27), las respuestas fueron variadas. Pedro replicó: "el Mesías". Jesús no negó esta respuesta, pero "les mandó enérgicamente que a nadie hablaran acerca de Él" (8:29–30).

Mesías: En hebreo, "ungido" (en griego, christos). El que había sido anunciado por los profetas que iba a liberar al pueblo de Dios de sus enemigos, del pecado y del mal para establecer un reino de justicia y salvación. Semejante a salvador, este término originariamente tenía un claro sentido político, pero más tarde se reveló que tenía un significado más profundo y sobrenatural.

> *"Sepa, pues, con certeza todo Israel que Dios ha constituido señor y Cristo a ese Jesús a quien ustedes han crucificado".*
>
> *Hechos de los Apóstoles 2:36*

- *Jesús es Dios y Salvador, ¿qué implicaciones tiene esto para tu vida?*

Sólo Jesús puede revelar el secreto de su persona. Si queremos entenderlo, debemos dejar que nos hable de sí mismo.

¿De qué forma se describió Jesús a sí mismo?

Juan 4:25–26

Juan 6:48

Juan 8:12

Juan 10:14–15

Juan 11:25–27

Juan 15:1

Juan 17:1–3

- ¿Cuál de los versículos del Evangelio de san Juan te llama más la atención? ¿Por qué?

Jesús es el camino

> *"Yo soy el Camino, la Verdad y la Vida".*
>
> *Juan 14:6*

El papel e identidad de Jesús pueden ser difíciles de entender y aceptar, incluso después de miles de años. Millones de personas en todo el mundo se han llamado a sí mismos seguidores de Cristo. Muchos han cambiado sus vidas, otros hasta las han perdido por Él.

Es importante tener en cuenta que Jesús era un judío piadoso. Los judíos poseían un profundo conocimiento de Dios. Jesús compartía muchas cosas que fueron enseñadas por los profetas y rabinos judíos. Por ejemplo, enseñó que debemos orar en lo secreto (Mateo 6:6). Un dicho judío enseña algo similar: "El que ora dentro de su casa, rodea a esta con un muro más fuerte que el hierro".

Lo que hace a Jesús único, por tanto, no son sus enseñanzas. Jesús es único porque es el Hijo de Dios. Él no solo llamó a la gente a morir o a escuchar su mensaje, sino también ¡a creer en Él! Eso era algo completamente nuevo. Los profetas y maestros de la ley nunca habían pedido a las personas que creyeran en ellos. Se nos dice que querían matar a Jesús, porque "llamaba a Dios su propio padre, haciéndose a sí mismo igual a Dios" (Juan 5:18).

Jesús se ponía a sí mismo por encima de los líderes y prácticas religiosas de los judíos. Afirmaba ser el camino de Dios y la completa realización de las enseñanzas y profecías judías. Dijo: "No piensen que he venido a abolir la Ley y los Profetas. No he venido a abolir, sino a dar cumplimiento" (Mateo 5:17; ver también Lucas 24:44).

- *¿Hacia qué o hacia dónde te conducen la vida y las enseñanzas de Jesús?*
- *¿De qué forma han guiado tu vida hasta ahora?*

Jornada de Fe

En breve:

- La Biblia tiene una naturaleza, una historia y una estructura únicas.
- La Escritura es la palabra sagrada inspirada por Dios.
- Los católicos tienen en cuenta el contexto cuando leen e interpretan la Escritura.

- *¿Qué riesgos podías haber corrido escondiendo a las autoridades un libro como hizo Avram? ¿Por qué?*
- *¿Por qué fue el Evangelio de Juan algo tan precioso para Avram y Wurmbrand?*

La Biblia

En su libro, En la tierra oculta de Dios (In God's Underground), Richard Wurmbrand habla del tiempo que estuvo prisionero en Rumanía a causa de sus creencias religiosas. Un día, los custodios llevaron a un nuevo prisionero que se llamaba Avram a la celda en la que Wurmbrand y otros estaban confinados. Sumamente lastimado, Avram, tenía enyesada la parte superior del cuerpo. Después de que se fueron los custodios, permaneció acostado en silencio. Su mano lentamente desapareció debajo del yeso y volvió a salir con un pequeño y deshojado libro:

> *"Ninguno de nosotros había visto un libro o algo parecido por años. Avram yacía ahí pasando las páginas tranquilamente, hasta que se dio cuenta que lo mirábamos con avidez. '¿De qué se trata tu libro?', dije. '¿Dónde lo conseguiste?'. Avram cerró el libro. 'Es el Evangelio de Juan', respondió". Pudo ocultarlo debajo del yeso cuando lo arrestaron. Avram le ofreció el libro. Wurmbrand dice: "Tomé el pequeño libro en mis manos como si fuera un pajarito indefenso. Ningún medicamento para salvar la vida hubiera podido ser más valioso para mí…"*

¿Qué es la Biblia?

La **Biblia** ("pequeños libros" en griego) es una colección de escritos—una biblioteca—sobre Dios, sobre su relación con los seres humanos y sobre cómo quiere Él que nos relacionemos entre nosotros. En su conjunto, documenta **la historia de la salvación**: el plan salvífico y las obras del Padre realizadas a lo largo del tiempo, los personajes y los hechos, comenzando con Adán y Eva en el libro del Génesis y terminando con el nuevo cielo y la nueva tierra y la realización plena del Reino de Dios en el Apocalipsis.

¿Quien escribió la Biblia?

Muchas historias y pasajes se transmitieron de manera oral durante muchos años antes de que fueran puestos por escrito. Al final, la gente se dio cuenta de que era necesario escribirlas. Los libros de la Biblia fueron escritos en diversos momentos entre el 900 a.C. y el año 100 d.C.

Los autores provenían de distintos contextos y escribieron utilizando distintas lenguas y estilos, pero los católicos creen y enseñan que cada libro fue **divinamente inspirado**. Esto significa que nosotros creemos que el Espíritu Santo guio a los autores mientras escribían para asegurar que comunicaran correctamente el mensaje, la verdad que Dios quería comunicar. Decir que Dios es el autor de la Biblia no significa que Dios escribió toda la Biblia palabra por palabra.

El Antiguo Testamento

Los libros del Antiguo Testamento nos narran las relaciones entre los israelitas y el único Dios y creador que interviene en la historia humana, guiándola con un plan y propósito.

- **El Pentateuco** ("cinco libros" en griego) está formado por los cinco primeros libros de la Biblia y también es conocido como la **Torá** ("ley" en hebreo, en concreto, la ley de Moisés). Habla del camino que hicieron los israelitas como pueblo escogido de Dios, con el traslado de Abraham a Canaán y el éxodo con el que los judíos se liberaron de la esclavitud en Egipto.
- **Los Libros históricos** abarcan el período desde que los israelitas entraron a la Tierra Prometida alrededor del 1225 a.C. hasta el final de las guerras de los Macabeos, alrededor de 135 a.C. Su visión de los eventos revela la mano de Dios que los guía en todo momento.
- **Los Libros sapienciales** son obras artísticas, pero también son una búsqueda ilustrativa del sentido de la vida. Los autores echan mano de la poesía, proverbios, dichos y canciones para hacer frente a los problemas y preguntas sobre nuestro origen y destino, sobre el sufrimiento, sobre el bien y el mal, sobre lo correcto y lo incorrecto.
- **Los Libros proféticos** son las palabras de aquellos que hablan en nombre de Dios sobre importantes situaciones relacionadas con el pueblo elegido de Dios. El arrepentimiento y la espera del Mesías son temas centrales en estos libros.

El Nuevo Testamento

Durante años después de su resurrección, los misioneros difundieron los hechos de Jesús oralmente. Al final, los cristianos preservaron esta herencia poniéndola por escrito.

La mayoría de los libros del Nuevo Testamento fueron escritos hacia el final del siglo I. Estos escritos no nos dicen quién fue Jesús, sino quién es. Cada libro revela un aspecto único de Jesús, guía la Iglesia y la vida cristiana, y tiene la virtualidad de cambiar vidas en nuestros días.

- **Los Evangelios** —**Evangelio** significa "buena nueva". Los cuatro Evangelios fueron escritos para diferentes comunidades, pero todos recogen las palabras y los hechos de Jesús, nos narran su pasión y muerte, y nos explican su significado a la luz de su resurrección.
  - El Evangelio de Mateo se centra en las enseñanzas de Jesús.
  - El Evangelio de Marcos nos habla del ministerio público y de la humanidad de Jesús.
  - El Evangelio de Lucas nos muestra la solicitud de Jesús por los pobres y por las mujeres.
  - El Evangelio de Juan nos conduce al misterio de Cristo.
- **Los Hechos de los Apóstoles** son una narración de cómo vivía la Iglesia en los primeros tiempos.
- **Las Epístolas Paulinas** son trece cartas de san Pablo a las iglesias locales y la Carta a los Hebreos.
- **Las Cartas Católicas** son siete cartas escritas por otros apóstoles dirigidas a la Iglesia Universal.
- **El Apocalipsis** es un mensaje de esperanza a los cristianos perseguidos. También recuerda el triunfo definitivo de Cristo. No es una predicción del futuro.

En breve:

- Dios se revela a nosotros y al mundo.
- Dios se revela de muchas maneras.
- Dios quiere que lo conozcamos completamente y con claridad.

La Revelación Divina

Piensa en algún momento de tu vida en que hayas comenzado una amistad especial. Conforme la relación se desarrollaba tú revelabas más cosas de ti mismo o de ti misma: pensamientos y sentimientos, gustos, esperanzas y sueños, etc. Con el tiempo, tu amigo o amiga llegó a tener un conocimiento bastante amplio de quién eres tú. Por otro lado, por más cerca que puedas estar de alguien, nunca nadie podrá decir que te entiende completamente. Seguimos descubriendo y revelando nuevos aspectos de nosotros mismos a medida que avanza la vida.

Podemos aplicar lo anterior a la forma en que Dios se nos revela. Recuerda que Dios es una comunión llena de amor entre personas: tres personas divinas en un Dios. Dios es una relación de amor y nos ofrece un modelo sobre cómo nosotros, que fuimos creados a imagen y semejanza suya, debemos vivir, esto es, en relación con Dios y con la comunidad de su Iglesia.

El deseo universal de Dios

A lo largo del tiempo, los seres humanos han deseado y buscado estar en unión con Dios. Esta inclinación a conocer a Dios se refleja en diversos escritos de nuestra tradición católica:

- "Te anhela mi ser, Dios mío" (Salmo 42:2).
- "Nuesto corazón está inquieto, hasta que descanse en ti" (San Agustín, *Confesiones*, 1.1).
- "El deseo de Dios está inscrito en el corazón del hombre, porque el hombre ha sido creado por Dios y para Dios" (*CIC* 27).
- Blas Pascal—matemático, físico y teólogo—habló de un vacío en nuestro corazón que tiene la forma de Dios y que sólo puede ser llenado por Él, manifestado en Jesucristo.

- *¿Cuál de las cosas antes mencionadas refleja mejor tu experiencia en la búsqueda de Dios y en dejarte encontrar por Él?*

La creación y la experiencia humana

Podemos encontrar a Dios en la creación. En los paisajes marinos y en las noches estrelladas, en un paseo por el bosque, en los animales y en las intensas emociones que sentimos por otros seres humanos, encontramos evidencias de un Creador omnisciente y lleno de amor.

Como seres humanos "somos prodigios" y también encontramos a Dios en nuestra naturaleza y experiencia humanas (cf. Salmo 139:14). Tenemos un alma y hemos sido creados para buscar la verdad, la belleza y la felicidad. Al crearnos, Dios nos concede la libertad, la conciencia y el uso de la razón para guiarnos. Mientras más conscientes somos de nosotros mismos y de nuestra relación con Él, más convencidos estaremos de la presencia de Dios y de que nos ofrece la plenitud y la más profunda de las satisfacciones.

CIC 27–100, 105, 892, 2034 and 2763

"Porque lo invisible de Dios, desde la creación del mundo, se deja ver en la inteligencia a través de sus obras: su poder eterno y su divinidad".

Romanos 1:20

- *¿En qué lugares experimentas la presencia de Dios? ¿En el palpitar de la naturaleza, en un buen amigo o amiga, en las maravillas del universo?*

La Revelación Divina en la Escritura

Dios no sólo creó el mundo y nos dejó abandonados a nuestros propios recursos (*CIC* 50). Nuestro Creador nos comunica su amor y su voluntad para nosotros. Esto es importante porque hay verdades morales y religiosas que la razón y la inteligencia por sí mismas no pueden entender completamente.

Revelación Divina es Dios que nos da a conocer su propia persona y su plan de salvación. De la misma forma en que nosotros le revelamos a un amigo lo que llevamos en el corazón, así Dios comparte con nosotros su voluntad y nos invita a ser sus amigos.

Dios se revela a sí mismo junto con su plan de salvación dentro de la historia y a personas concretas. Desde Adán, Eva y Noé hasta san Pablo y la Iglesia en sus inicios, la Sagrada Escritura contiene el testimonio inspirado y sin error de la presencia de Dios y de sus obras para ofrecernos la salvación.

Jesús es la revelación plena de Dios, la Palabra de Dios hecha carne que "puso su morada entre nosotros" (Juan 1:14). Jesús es un ser histórico, es el "rostro humano de Dios", y el mediador entre Dios y la humanidad.

De hecho, "Toda la Escritura (la Ley, los Profetas, y los Salmos) se cumplen en Cristo" (*CIC* 2763, ver Lucas 24:44). Esta revelación estaba presente de forma velada en el Antiguo Testamento, pero se hizo explícita en el Nuevo (*CIC* 65–67).

En la plenitud del tiempo, el plan de Dios se reveló a través del ministerio de Cristo, su muerte, resurrección, ascensión y segunda venida. En Jesús, todos pueden encontrar a Dios y ser salvos.

"En esto se manifestó entre nosotros el amor de Dios: en que Dios envió al mundo a su Hijo único para que vivamos por medio de Él. En esto consiste el amor: no en que nosotros hayamos amado a Dios, sino en que él nos amó y nos envió a su Hijo como víctima de expiación por nuestros pecados".

1 Juan 4:9–10

"[Dios] quiere que todos los hombres se salven y lleguen al conocimiento pleno de la verdad".

1 Timoteo 2:4

- *¿Alguna vez el Espíritu Santo te ha presentado un pasaje de la Biblia justo en el momento adecuado? ¿Hay algún versículo o imagen que te llame particularmente la atención? Si es así, anótalo y ponlo en un lugar visible, de forma que puedas repasarlo con frecuencia o incluso memorizarlo.*
- *¿Por qué es especial que Dios se haya hecho uno de nosotros en Jesús?*

La Revelación Divina en la Sagrada Tradición

Cuando la vida terrena de Jesús estaba llegando a su fin, este pidió a sus apóstoles que continuaran con su misión de difundir la buena noticia del amor de Dios y la promesa de la vida eterna. Les envió al Espíritu Santo para que los ayudara y guiara. Con la ayuda del Espíritu Santo, los apóstoles dieron testimonio, predicaron y escribieron sobre la revelación de Dios, basada en las palabras y obras de Jesús. Se aseguraron de que el Evangelio se transmitiera íntegro.

En breve:

- L a oración es comunicarse con Dios.
- Existen muchas formas de oración.
- Podemos orar solos o en grupo.

Tu vida de oración

Hemos llegado a conocer a Dios y a creer que Él nos creó, nos ama y desea tener una relación de amistad con nosotros. Pero no podemos tener una relación con alguien con el que nunca hablamos. Nuestra fe tiene que ser algo personal. La oración nos ayuda a convertirla en eso.

¿Qué es la oración?

Dios quiere ser nuestro amigo. Nos hizo para Él; fuimos creados "a su imagen" (Génesis 1:27). Esa imagen, como sabemos, es una comunión de amor de tres personas que viven en una constante y completa comunicación. Dios ha esperado pacientemente desde el momento de nuestra concepción para que volvamos nuestro corazón a Él. Nuestra oración es una "respuesta a la queja del Dios vivo", quien nos buscó primero y llama a nuestra puerta (*CIC* 2561, Apocalipsis 3:20).

> *"Te he llamado por tu nombre. Tú eres mío".*
>
> *Isaías 43:1*

¿Por dónde empiezo?

La oración comienza en el corazón, es decir, "Es el lugar del encuentro (…) es el lugar de la Alianza" (*CIC* 2563). Es nuestro centro oculto, nuestro núcleo más íntimo, "es el lugar de la decisión (…) es el lugar de la verdad" (*CIC* 2563). Tú sabes cómo se siente dejar a alguien entrar en tu corazón; invita a Jesús a que te encuentre ahí también. El inicio puede ser tan sencillo como decir "hola": Estoy aquí, Dios. Estoy listo para hablar y para escuchar. El simple hecho de hacerte presente y estar dispuesto a tener una conversación es un acto de fe y amor. ¿Quieres que Jesús te abrace? Siente que lo está haciendo. Quizás tu sólo quieres sentarte y hablar sobre lo que tienes en la cabeza. No importa si tu oración es profunda, seria, despreocupada, larga o breve. Dios llegará hasta ti sin importar dónde te encuentres.

> *"La **oración** es la elevación del alma a Dios o la petición a Dios de bienes convenientes".*
>
> *San Juan Damasceno;* CIC *2559*

¿Qué pasa si Dios no responde?

Dios está siempre presente y escucha, pero no siempre somos conscientes de ello o de sus respuestas. Algunas veces nos concentramos tanto en nuestras palabras y necesidades, y en si estamos orando bien que nos olvidamos de Dios. No tengas expectativas. Las respuestas de Dios no siempre vienen en la forma o a la hora que nosotros prevemos. Conforme pasan los días, escuchas las pistas que Él te manda en conversaciones o en lo que estás leyendo y viendo. Quizás una frase, una imagen o una persona va a tocar tu corazón con una peculiar claridad. Quizás tus sentimientos comiencen a cambiar. Puede ser que no haya una respuesta inmediata u obvia, pero Dios va a responder.

 CIC 2558–69, 2598–2616, 2626–49, 2653–54, 2659–60, 2691, 2697–2745

¿Puedo rezar "mal"?

Nuestras experiencias de oración no van a ser siempre las mismas. Algunas veces la oración será profunda; otras, aburrida o insípida. ¿Acaso no es así muchas veces la vida?

No te preocupes por rezar "bien". No te desanimes. Habla abierta y sinceramente con Dios, incluso si eso implica presentarle aquellos aspectos de tu vida menos atractivos o agradables. Dios puede soportar nuestras actitudes negativas o nuestros fallos.

Tipos de oración

> *"La tradición cristiana ha conservado tres expresiones principales de la vida de oración: la oración vocal, la meditación, y la oración de contemplación".*
>
> *CIC 2699*

1. La *oración vocal* son conversaciones privadas y expresiones en grupo de alabanza y petición. Puede ser informal, espontánea, tradicional (el Padrenuestro) o litúrgica (la Misa).

2. En la *oración meditativa* reflexionamos en algo —a menudo la Escritura, un texto espiritual o eventos de la vida— para abrir nuestro corazón a la voluntad de Dios. Algunos ejemplos comunes son la lectio divina (ver más abajo) y el Rosario.

3. La *oración contemplativa* permite al Espíritu conducirnos al interior de nuestro propio corazón. Los elementos clave de este tipo de oración son encontrar un lugar tranquilo, pedir a Dios que nos guíe y que bendiga nuestra contemplación, y ser conscientes de nuestra respiración. Mientras rezamos, podemos concentrarnos en una sola palabra, en una imagen o en una jaculatoria.

Dentro de estas categorías, hay infinitas formas y estilos de oración. Prueba alguna de las oraciones que aparecen aquí abajo o busca unas por tu parte.

Orar con la naturaleza

Ve a un parque, lago, jardín o zoológico. Busca un arroyo cercano, un campo o arboleda. Sube a una montaña. Haz de esa actividad una jornada hacia Dios y con Dios. Piensa en la grandeza de su creación. Cultiva un sentido de admiración, reverencia y misterio.

- *¿En dónde puedes alejarte de las distracciones de tu vida cotidiana?*
- *¿Hay un lugar que encuentres particularmente sereno y que te produzca paz? Quizás puedes convertirlo en tu lugar especial para hacer oración.*

Visita un lugar santo

No tienes que esperar al domingo para ir a la iglesia. Dios siempre está presente ahí. Muchas parroquias también tienen una capilla para la **Adoración Eucarística** —una "Hora Santa" de oración y adoración a Jesús presente en la Eucaristía que tiene lugar fuera de la Misa.

Una **peregrinación** es un "viaje a un lugar sagrado que se realiza como un acto religioso de devoción" (*Modern Catholic Dictionary* [traducción nuestra]). No importa si el lugar de peregrinación está cerca o lejos, tú estás buscando a Dios y el mismo desplazamiento físico se convierte en una oración. Esta tradición aparece en el Antiguo Testamento. El pueblo de Dios siempre ha sido un pueblo peregrino, de camino hacia el Santo, hacia Dios.

Orar usando imágenes

San Ignacio de Loyola utiliza mucho las imágenes para favorecer la vida espiritual. Recomienda leer un pasaje de la Escritura con calma, sobre todo los pasajes sobre Jesús, recreando las escenas con la imaginación y pensando que estamos dentro de ellas. Deja que el pasaje se desarrolle con Jesús y contigo presentes en él.

Orar con la Escritura

La Iglesia "recomienda insistentemente a todos sus fieles [...] la lectura asidua de la Escritura (...) Recuerden que a la lectura de la Sagrada Escritura debe acompañar la oración para que se realice el diálogo de Dios con el hombre, pues 'a Dios hablamos cuando oramos, a Dios escuchamos cuando leemos sus palabras'" (*CIC* 2653).

En breve:

- Nos conectamos con Dios por medio de la oración personal y tradicionales.
- El rosario refleja el misterio de Cristo.
- Hay muchas oraciones católicas tradicionales que puedes prácticar.

Prácticas y oraciones católicas

Algunas veces nos resulta difícil encontrar las palabras para orar. Podemos estar muy agitados o nos resulta difícil concentrarnos. En esos momentos, pueden ser útiles las oraciones aprendidas de memoria. *Repetir una oración puede ayudarnos a centrar nuestra atención en Dios* y puede tranquilizar nuestra mente.

Los católicos repetimos algunas oraciones porque nos hemos dado cuenta de que son la mejor forma para expresarle a Dios ciertos pensamientos. Es posible que tú le digas con frecuencia a tu familia "los amo", porque son las palabras más sencillas y claras para expresar cómo te sientes.

Las oraciones aprendidas de memoria hacen más fácil orar con otros. Cuando oramos juntos, nos expresamos y crecemos en nuestro sentido de comunidad.

- *¿Qué productos y ventajas le ves a orar junto con otros?*

Estas sencillas oraciones las puedes usar solas o combinadas con otras oraciones y ritos católicos.

El Padrenuestro (la oración del Señor)

> Padre nuestro, que estás en el cielo, santificado sea tu Nombre; venga a nosotros tu reino; hágase tu voluntad en la tierra como en el cielo. Danos hoy nuestro pan de cada día; perdona nuestras ofensas como también nosotros perdonamos a los que nos ofenden; no nos dejes caer en la tentación, y líbranos del mal. Amén.

Mateo 6:9–15 and Lucas 11:1–4

Esta es la oración mejor conocida del Cristianismo, probablemente porque es la única que Jesús enseñó a sus discípulos cuando uno de ellos le dijo, "Señor, enséñanos a orar" (Lucas 11:1). Nosotros somos los hijos e hijas adoptivos de Dios y por ello podemos llamar a Dios "Padre". No pedimos sólo por nosotros mismos, sino también por todos los miembros de la familia de Dios.

Como hijos de Dios, queremos honrar a Dios. **Santificado** significa "hacer santo"; queremos que el nombre de Dios sea honrado por todos y queremos que el deseo de Dios que tienen todos los hombres y mujeres se realice. Todo lo que Jesús hizo y enseñó fue voluntad de Dios. Le pedimos que también nosotros tengamos la ayuda y la fortaleza para hacer la voluntad de Dios. Y la voluntad de Dios para nosotros es que tengamos vida y la tengamos en abundancia (Juan 10:10).

Aunque espiritualmente Cristo mismo es nuestro "pan de vida", nuestro pan cotidiano para nuestra vida y para nuestra jornada de fe, le pedimos a Dios todo lo que necesitamos para vivir cada día (Juan 6:35, 48). Eso incluye el perdón por el mal que hemos cometido. Reconocemos que somos pecadores y aceptamos el amor y el perdón misericordioso de Dios, si queremos el perdón de Dios, nosotros

CIC 167, 170–171, 971, 1174–78, 2650–51, 2675–79, 2759–76

también debemos querer perdonar a los otros. Por último, le pedimos a Dios que nos libre del mal y de todo lo que conduce a este.

Volverás a estudiar la Oración del Señor en una lección más adelante.

- *¿Qué puede significar el que aceptes a Dios como tu "padre"? ¿De qué manera puede ayudarte la oración a llevar esto a la práctica?*

La señal de la cruz

En el nombre del Padre y del Hijo y del Espíritu Santo. Amén.

Esta oración data del siglo II, cuando los cristianos trazaban la cruz en su frente con su dedo pulgar. El gesto se utiliza en la unción que forma parte del rito del Bautismo y de la Confirmación.

La señal de la cruz se hace tocando con las yemas de los dedos de la mano derecha tu frente, tu pecho, tu hombro izquierdo y tu hombro derecho. El gesto se acompaña con las palabras de una oración que honra a la Trinidad. Es la forma tradicional en que los católicos comenzábamos y terminábamos nuestras oraciones. También terminamos la mayoría de nuestras oraciones diciendo "**Amén**," que significa, "así sea".

El Avemaría

Dios te salve, María. Llena eres de gracia,
el Señor es contigo.
Bendita tú eres entre todas las mujeres y bendito es el fruto de tu vientre, Jesús. Santa María, Madre de Dios, ruega por nosotros, pecadores, ahora y en la hora de nuestra muerte. Amén.

El Avemaría comienza con dos versículos de la Biblia: las palabras del arcángel Gabriel—"Alégrate, llena de gracia, el Señor está contigo"—y las palabras de Isabel, la prima de María—"Bendita tú entre las mujeres y bendito el fruto de tu seno"—(Lucas 1:28, 42). Termina con una petición en la que se reconoce a María como la madre de nuestro Salvador. En esta oración, no adoramos a María; solo adoramos a Dios. Nos unimos a Dios cuando honramos a María, a causa de su especial relación con Jesús y pedimos la gracia para poder seguir el ejemplo que ella nos da cumpliendo la voluntad de Dios.

El Credo de los Apóstoles

Creo en Dios,
Padre Todopoderoso,
Creador del cielo y de la tierra.
Creo en Jesucristo, su único Hijo, Nuestro Señor
que fue concebido por obra y gracia del Espíritu
Santo, nació de Santa María Virgen,
padeció bajo el poder de Poncio Pilato,
fue crucificado, muerto y sepultado,
descendió a los infiernos,
al tercer día resucitó de entre los muertos,
subió a los cielos, y está sentado a la derecha de
Dios, Padre todopoderoso,
Desde allí ha de venir a juzgar a vivos y muertos.
Creo en el Espíritu Santo,
la santa Iglesia Católica,
la comunión de los santos,
el perdón de los pecados,
la resurrección de la carne,
y la vida eterna.
Amén.

El Credo de los Apóstoles "es considerado con justicia como el resumen fiel de la fe de los Apóstoles" (*CIC* 194). La palabra "Credo" proviene del latín y significa "creo". Nuestro **credo** es una breve declaración de la fe cristiana y un instrumento para conservar la unidad de la Iglesia. Se recita sobre todo en la Misa y también como parte del Rosario.

En breve:

- La Misa tiene dos partes principales.
- La Misa hace presente la muerte y la resurrección de Cristo.
- Cristo está verdaderamente presente en la Eucaristía.

"[Jesús] tomó luego pan, dio gracias, lo partió y se lo dio diciendo: 'Este es mi cuerpo que se entrega por ustedes; hagan esto en recuerdo mío'. De igual modo, después de cenar, tomó la copa, diciendo: 'Esta copa es la nueva Alianza en mi sangre, que se derrama por ustedes'".

Lucas 22:19–20

La Misa

La Misa es tan importante para los católicos, que participamos en ella todos los domingos o sábados por la noche. Muchos católicos también van a Misa entre semana.

La Misa ha sido tan importante a lo largo de los siglos que muchas personas han muerto defendiendo y ejerciendo su libertad religiosa participando en ella. En algunos lugares todavía hoy, los sacerdotes católicos tienen que celebrar la Misa de forma clandestina.

- *¿Qué actividades cotidianas consideras esenciales para tu vida? ¿Por qué?*

¿Por qué es tan importante la Misa?

En la Misa los católicos recuerdan lo que Jesús hizo en la Última Cena. Las palabras de Jesús "Hagan esto en memoria mía" han sido obedecidas sin interrupción por cerca de dos mil años. Cada vez que los católicos se reúnen para la Misa, sabemos que estamos ahí para hacer lo que Jesús nos mandó. Y nosotros creemos que Jesús se hace presente entre nosotros.

También conocido como el sacramento o sacrificio de la **Eucaristía**, la **Misa** es nuestra oración más valiosa. Es una **liturgia**, parte del culto público o de la "obra" de la Iglesia y es "la cumbre y fuente de nuestra vida cristiana (...). ...en la Eucaristía se encuentra todo el tesoro de la Iglesia: Jesucristo" (*Catecismo Católico de los Estados Unidos para los adultos*, p. 241).

Examinemos brevemente las principales partes de la Misa.

Ritos introductorios

Los **Ritos introductorios** reúnen a toda la comunidad como un solo cuerpo. Con la entrada del sacerdote y de los ministros, la comunidad ahora está completa—el Pueblo de Dios—en medio del cual Cristo está presente.

Cuando la Misa comienza, el sacerdote nos guía haciendo la señal de la cruz. Nosotros respondemos, "amén". Las respuestas y la participación son esenciales para la liturgia. La oración se convierte en algo vivo conforme cada uno de nosotros responde, escucha, reflexiona, habla y canta.

Ser conscientes de la presencia de Dios nos recuerda que no siempre hemos vivido como deberíamos. Participamos en el **Acto penitencial**, el cual implica pedir y recibir el perdón de Dios, quizás con una oración o el canto, "Señor, ten piedad".

Después viene el **Gloria**, un antiguo himno de alabanza. Las primeras líneas de Lucas que narran el nacimiento de Jesús expresan nuestro asombro por lo que Dios ha hecho. El sacerdote dice, "oremos" y hace una pausa en silencio. Los *momentos de silencio* ofrecen un espacio para una experiencia más profunda de la presencia de Dios. El sacerdote reúne nuestras oraciones en una oración llamada "Colecta".

¿Para qué nos sentamos, nos ponemos de pie y nos arrodillamos todo el tiempo?

Dios nos creó con cuerpos materiales, por tanto, le damos culto con nuestro cuerpo, mente y alma. *Nos ponemos de pie* como signo de reverencia, cuando encontramos a Cristo en el Evangelio, en la Eucaristía y en momentos importantes en que hablamos con Dios. *Nos sentamos* para escuchar y reflexionar. *Nos arrodillamos* para expresar humildad ante Dios y adoración.

"Para que al nombre de Jesús toda rodilla se doble en los cielos, en la tierra...".

Filipenses 2:10

La Liturgia de la Palabra

La **Liturgia de la Palabra** es la primera de las dos partes principales de la Misa. Escuchamos y reflexionamos, en la presencia de Dios, en las palabras de la Sagrada Escritura.

1. La *Primera Lectura* se toma del Antiguo Testamento (excepto durante el tiempo de Pascua). Por lo general tiene una temática relacionada con el Evangelio.
2. El **Salmo Responsorial** es un himno de alabanza tomado del libro de los Salmos del Antiguo Testamento. Los salmos fueron compuestos como oraciones cantadas, por lo que generalmente lo canta la asamblea o un coro canta las estrofas y la asamblea responde.
3. La *Segunda Lectura* se toma de las epístolas (cartas) de san Pablo o de otra carta del Nuevo Testamento. Esta lectura no siempre está relacionada con las demás, pero nos permite estar en contacto con más textos de la Escritura.
4. La *Aclamación del Evangelio*, por lo general un **Aleluya**—alaben al Señor— u otra aclamación durante la Cuaresma, reconoce y acoge la presencia de Cristo en la Palabra de Dios.
5. La lectura del *Evangelio* es proclamada por el sacerdote o el diácono y es tratada con el mayor respeto porque contiene las palabras de Jesús. Con el pulgar, trazamos una pequeña cruz sobre nuestra frente, sobre los labios y sobre el pecho y decimos internamente estas u otras palabras similares: *Que tu palabra, Señor, esté en mis pensamientos, en mis palabras y en mi corazón.*
6. La **homilía** sigue al Evangelio. En la homilía, el sacerdote o el diácono explican los textos de la Escritura que se acaban de proclamar en la Misa y hacen aplicaciones a nuestras vidas en el momento actual.

¿Cómo se escogen las lecturas?

Las lecturas de la Misa dominical están ordenadas de forma que cada tres años casi todo el Nuevo Testamento y una variada selección del Antiguo se proclamen. Los ciclos comienzan cada Adviento. El ciclo A utiliza el Evangelio de Mateo; el ciclo B, Marcos; y el C, Lucas. El Evangelio de Juan generalmente se lee durante la Pascua, Navidad y para completar el ciclo B, dado que el Evangelio de Marcos es más breve. Las lecturas de la Misa se proclaman utilizando un libro llamado **Leccionario**.

7. Nos ponemos de pie y recitamos los principales puntos de nuestra fe usando las palabras del Credo de Nicea o el Credo de los Apóstoles.
8. Un diácono o lector presenta nuestras **peticiones** en la **Oración universal**, llamada también la *Oración de los fieles* o intercesiones generales. Después de cada petición, decimos, "Señor, escucha nuestra oración" o una respuesta similar.

Jornada de Fe

En breve:

- Con los domingos como día central, el año litúrgico sigue un esquema semejante al de las estaciones del año.
- El calendario litúrgico incluye fiestas, días santos y conmemoraciones de los santos.
- Los colores, los símbolos y las temáticas tienen un profundo significado.

El año litúrgico

Los cristianos anhelan volver a recorrer la vida de Jesús y caminan con Él durante su vida en la tierra. Los evangelistas lo hicieron. Cualquiera que haya hecho una peregrinación a Tierra Santa sabe lo que esto significa. Conforme escuchamos los diversos pasajes y seguimos su camino año tras año, descubrimos nuevas verdades y adquirimos una comprensión más profunda de su misterio.

La realización de nuestra salvación a través de Jesús comienza con la **Anunciación**, es decir, el momento en que María da su consentimiento al anuncio del Arcángel Gabriel de que ha sido elegida por Dios para ser la madre de su Hijo (Lucas 1:26–38). La historia sigue desarrollándose con la llegada de los Magos que presentan sus dones y la Sagrada Familia que huye a Egipto (Mt 2). Vemos la presentación de Jesús en el Templo (Lucas 2:22–38) y, unos años más tarde, buscamos junto con José y María a su hijo que se ha perdido (2:41–50).

Vemos a Jesús cuando es bautizado en el Jordán, vemos su primer milagro en las bodas de Caná y cómo llama a los primeros discípulos en el Mar de Galilea. Lo vemos en Jerusalén y caminamos a su lado mientras carga la cruz. Vemos la tumba donde es colocado y donde la muerte es derrotada con su resurrección. Lo vemos ascender al cielo y esperamos junto con María y los Apóstoles la venida del Espíritu Santo.

La Iglesia, al igual que los evangelistas, vuelve a contar la historia. A lo largo del año litúrgico, la Iglesia celebra estos eventos, comenzando con la encarnación y nacimiento de Cristo para terminar con su Segunda venida.

> *"En el ciclo del año [la Iglesia] desarrolla todo el Misterio de Cristo".*
>
> *CIC 1163*

- *¿Qué aspecto o aspectos de la vida de Jesús te gustaría conocer mejor?*
- *¿De qué forma puede la vida de Jesús interpelarte y guiarte en tu propia vida?*

Los tiempos litúrgicos

Al igual que el año terrestre, **el año litúrgico** sigue un esquema semejante al de las estaciones. El año litúrgico, celebra y revive los principales eventos de nuestra salvación. Cada año tiene unos tiempos determinados y las oraciones y lecturas para la Misa guían nuestras celebraciones.

Adviento

Durante el **Adviento**, compartimos la larga espera de los israelitas de un Mesías y esperamos también la llegada de nuestro Salvador. Este tiempo litúrgico comienza el cuatro domingos antes de Navidad.

Este tiempo es de una gozosa anticipación y de una espera llena de fe al lado de María por el nacimiento de nuestro Señor.

CIC 524–25, 1095, 1163–73, 1194–95

Se invita a los católicos a vivir con profundidad el Adviento, sin tener prisa por llegar a la Navidad. Además de preparar nuestros corazones para celebrar el nacimiento de Cristo, también preparamos nuestro corazón para la Segunda venida de Jesús y para entrar en la plenitud del Reino de Dios. Un elemento importante de esta preparación es examinar nuestra vida y recibir el Sacramento de la penitencia y la reconciliación.

Color litúrgico: morado, que significa, realeza, humildad y esperanza.

Tradiciones: Son comunes las coronas y los calendarios de Adviento que ayudan a las familias a contar los días que faltan para llegar a la Navidad. Una corona de Adviento se hace con ramas de una plana perennifolia y tiene cuatro velas: tres moradas (violeta) y una rosa. Cada uno de los cuatro domingos de Adviento se indica encendiendo una de las velas; la vela rosa se enciende el tercer domingo, como signo de nuestra alegría por la cercanía de la Navidad.

Navidad

El tiempo de **Navidad** celebra el nacimiento de Jesús. Va desde el día de Navidad hasta el Bautismo del Señor en los primeros días de enero. Hay muchas fiestas especiales en esta temporada.

Color litúrgico: el blanco, que significa, luz, inocencia y gozo.

Tradiciones: Muchos católicos, a propósito, no quitan el árbol de Navidad ni el nacimiento y siguen cantando villancicos e himnos durante varias semanas más, cuando el mundo y la publicidad ya se han olvidado de la Navidad.

El Tiempo ordinario

El **Tiempo ordinario** sigue al tiempo de Navidad durante varias semanas. Es un tiempo dedicado a reflexionar en el misterio de la vida de Cristo y para seguir creciendo como Iglesia.

Color litúrgico: verde, que significa crecimiento y vida eterna.

La Cuaresma

La **Cuaresma** es un tiempo de penitencia que dura cuarenta días. Comienza el Miércoles de Ceniza y termina con el Triduo Pascual. Durante la Cuaresma, los católicos se preparan para los días más santos de todo el año. Teniendo en cuenta que al final de este período, los católicos renovarán sus promesas bautismales y llegarán nuevos miembros a la Iglesia, los católicos rezan, ayunan, dan limosna y participan en el Sacramento de la penitencia. La última semana, llamada también **"Semana Santa"**, comienza con el **Domingo de Ramos**, en el que se celebra la entrada de Cristo a Jerusalén (Mateo 21:1-9) y el sufrimiento y muerte que siguieron.

Color litúrgico: violeta que significa **penitencia**, tristeza y arrepentimiento de los propios pecados.

El Triduo Sacro

El **Triduo Sacro**, que en latín significa "tres días", comienza con la Misa que conmemora la Cena del Señor el Jueves Santo. "Aunque cronológicamente son tres días, desde el punto de vista litúrgico se trata de un día que despliega ante nosotros la unidad del Misterio Pascual de Cristo. La celebración del Triduo Sacro marca el final de la temporada de Cuaresma y desemboca en la Misa de la Resurrección del Señor en la Vigilia Pascual" (Conferencia de Obispos Católicos de Estados Unidos).

Colores litúrgicos: Jueves Santo: blanco
Viernes Santo: rojo
Sábado Santo y
Domingo de Pascua: blanco
Domingo de Ramos: rojo

En breve:

- En la iglesia todo tiene un significado.
- Los objetos sagrados guardan un significado para los católicos.
- Cuando nos reunimos en la iglesia, Cristo se hace presente.

Lugares en la Iglesia Católica

- *¿Hay algún lugar en especial que tú consideres santo, un lugar en el que realmente puedes sentir la presencia de Dios?*
- *Quizá se trate de un espacio en el que te sientes en paz o donde te sientes a gusto y seguro. Describe brevemente tu "lugar santo".*

Los católicos tienen muchos lugares a los cuales sienten que pueden acudir para encontrarse con Dios. Con todo, el lugar más importante para la adoración del católico es el edificio al que llamamos iglesia parroquial. Una **parroquia** abarca un territorio, o sea, que atiende a una zona geográfica específica o a una comunidad. Algunas parroquias no cuentan con límites, ya que fueron construidas para servir a católicos con necesidades muy específicas, es el caso de los grupos de inmigrantes que hablan idiomas distintos al inglés.

Las iglesias católicas reciben sus nombres en honor a una o de las tres personas de la Trinidad o en honor a la Virgen María o de alguno de los santos, o a eventos que resultan importantes para nuestra fe (como por ejemplo la Asunción o la Navidad).

- *¿A quién está dedicada tu parroquia? ¿Sabes por qué?*

Miremos el interior de una parroquia

La primera vez que entras en una iglesia, es de esperarse que te llegues a sentir un poco confundido o abrumado, sobre todo si desconoces el significado de algunos símbolos. La Iglesia cuenta con una rica tradición en el uso de arte y símbolos (llamamos a esto "arte litúrgico") para santificar el lugar de adoración. Dondequiera que mires en una iglesia, hay algo que te remite a Dios.

Cuando cruces el umbral del templo verás un contenedor de agua cerca de la puerta o la **pila bautismal** (1) cerca de la entrada principal. Esta se encuentra llena de **agua bendita** (2), Los católicos la usan para hacerse la señal de la cruz como recordatorio de su bautismo y como signo del amor protector de Dios. La tradición de bendecirse a uno mismo a la entrada de la iglesia inició hace siglos, en tiempos en que a la entrada de las casas y en lugares especiales de adoración había recipientes parecidos a estos. Así, los visitantes podían lavarse las manos y la cara antes de entrar en la casa de alguien o en un lugar sagrado. El lavado simbólico es una costumbre que ha permanecido hasta el día de hoy.

El **presbiterio** (3) es el área al frente y en el centro de la iglesia donde se encuentran el altar, el ambón, el sagrario e incluso a veces la pila bautismal. La iglesia puede tener un **santuario**.

El **altar** (4) es la mesa central sobre la cual se ofrecen el pan de la comunión y el cáliz de vino. El libro de oraciones de la Misa, llamado también ***Misal Romano*** (5), se coloca en el altar. Los altares están hechos de materiales preciosos como madera fina, mármol u otras piedras de particular valor. El altar mismo es un símbolo de Cristo. Las velas sobre el altar simbolizan la luz y la presencia de Cristo.

CIC 1179–86, 1192, 1198–99

El **ambón** o púlpito (6) es el lugar desde el que se proclama la Palabra de Dios a la asamblea, tanto durante la Misa como durante otras celebraciones. El libro usado para estas lecturas de la Escritura se llama Leccionario. Las lecturas que no están tomadas de la Escritura, así como la dirección de los cantos se hacen desde el **atril** (7).

El **tabernáculo** (8) es un lugar especial donde se reserva la Sagrada Eucaristía (el cuerpo de Cristo bajo la forma de la Sagrada Hostia). Cerca del sagrario arde permanentemente la **vela del sagrario** (9) para recordarnos la presencia de Jesús en la Eucaristía, la cual se conserva ahí.

En las iglesias antiguas es posible que la pila bautismal se encuentre en la parte trasera de la iglesia. En las iglesias más recientes se encuentra dentro o junto al templo. En las iglesias donde se realiza el bautismo por inmersión (ceremonia que requiere que el cuerpo entero del bautizando sea sumergido en el agua), la pila se encuentra a menudo a la entrada de la iglesia, para que todo el que entre en ella pueda recordar e incluso renovar las promesas de su bautismo mientras traza la señal de la cruz con el agua bendita.

Dentro del santuario está también un **crucifijo** (10) —una cruz con la imagen de Jesús—y que representa su pasión y muerte. Normalmente el crucifijo está expuesto permanentemente en un lugar visible cerca del altar o puede ser llevado al interior de la iglesia durante la procesión que da inicio a la Misa para ser colocado respetuosamente cerca del altar.

¿Por qué los católicos llevan un crucifijo?

La práctica católica de honrar o venerar el crucifijo constituye una declaración de nuestra fe en el amor pleno de Dios manifestado en la muerte de Cristo.

Los católicos no adoran la imagen de Cristo. La imagen del crucifijo nos recuerda la Pasión de Cristo y su victoria sobre la muerte. Si bien no todas las iglesias cristianas usan el símbolo del crucifijo, muchas usan la cruz como recordatorio de la salvación que recibimos gracias a Jesús.

Otro símbolo importante que podemos encontrar en las iglesias católicas es el **cirio pascual** (11). El cirio pascual es una vela blanca grande y con decoraciones. Es símbolo de Cristo resucitado. Se bendice y enciende durante la liturgia anual de la Vigilia pascual, la cual tiene lugar al anochecer del Sábado Santo, poco antes del Domingo de Pascua. Se coloca cerca del altar, de la pila bautismal o del púlpito.

Partes de una iglesia Católica

1. Pila Bautismal **2. Agua Bendita** **3. Presbiterio** **4**
9. Vela del sagrario **10. Crucifijo** **11. Cirio pascual**

Durante el tiempo Pascual (las semanas que siguen a la Pascua), el cirio pascual se enciende en cada liturgia. Durante el resto del año litúrgico, permanecerá cerca de la pila bautismal para simbolizar nuestro ingreso en la muerte y resurrección de Cristo durante nuestro bautismo. Cuando se celebran funerales, el cirio pascual se coloca cerca del ataúd o de la urna para simbolizar la nueva vida del difunto.

Con frecuencia, tanto el presbiterio como el lugar de adoración donde se sitúa la asamblea están adornados con estandartes y tapices que muestran símbolos del tiempo litúrgico en curso (Adviento, Navidad, Tiempo ordinario, Cuaresma y Pascua). Los domingos y los días de festividades especiales se colocan más flores en la iglesia para ayudarnos a vivir los distintos momentos del año litúrgico con la sucesión de las etapas que conforman la magnífica creación de Dios.

Las iglesias tienen también **las estaciones del Vía crucis** (12), Se trata de una serie de 14 imágenes, grabados o placas que representan los distintos momentos de la pasión y muerte de Jesús. Se usan para la oración y para la meditación, especialmente durante el tiempo de Cuaresma. Las estaciones del Vía crucis se encuentran normalmente en las paredes de la iglesia.

En breve:

- Cristo es la cabeza de la Iglesia.
- Quienes guían a la Iglesia lo hacen con espíritu de servicio.
- Los líderes actuales de la Iglesia se remontan a Pedro y a los apóstoles.

- *¿Cómo está organizada tu empresa o cómo te organizas con tu compañero de hospedaje (si lo tienes)?*
- *¿Cómo toman las decisiones, reparten y trabajan juntos?*

¿Quién pastorea la Iglesia?

¿Quién influye más en tu vida ordinaria? Ciertamente tu cónyuge o tu jefe del trabajo tienen un papel muy importante a la hora de determinar a qué prestas atención, o a qué destinas tu tiempo y esfuerzos. Pero los amigos, los compañeros de trabajo, los hijos y los papás también pueden influir mucho en cómo se desenvuelve un día, semana, proyecto o evento, ayudándote a progresar o haciendo que tu atención se centre en algo inesperado.

Siempre que las personas viven o trabajan juntas, se crean roles y responsabilidades para saber con claridad cómo se harán las decisiones y el trabajo. Esto puede suceder de forma espontánea, como cuando se comparte el departamento; o de manera formal, por ejemplo, en la empresa. Esto también sucede en la Iglesia; su jerarquía y diversos roles sirven al Pueblo de Dios. Siguiendo el ejemplo de Jesús, quienes dirigen la Iglesia, buscan hacerlo con espíritu de *servicio.*

> *"Pues si yo, el Señor y el Maestro, les he lavado los pies, ustedes también deben lavarse los pies unos a otros. Porque les he dado ejemplo para que también ustedes hagan como yo he hecho con ustedes".*
>
> *Juan 13:14–15*

El Papa

Cristo es la cabeza de la Iglesia y todos los cristianos están unidos en Él. Antes de subir al cielo, Jesús les dio a sus apóstoles roles específicos y autoridad para que dieran continuidad a su misión sobre la tierra. Los católicos creen que esos roles y autoridad se han transmitido a lo largo de los siglos.

En concreto, Jesús dio al apóstol Simón Pedro la máxima autoridad y liderazgo entre los seguidores de Jesús. Después del martirio de Pedro en Roma, se eligió un sucesor heredando su título de "roca" sobre la cual se iba a construir la Iglesia (Mateo 16:18). En la actualidad, el **Papa**, como obispo de Roma, es visto como el sucesor de Pedro, la máxima autoridad de la Iglesia Católica en la tierra.

El Papa también hereda la responsabilidad de Pedro de servir a toda la Iglesia y custodiar la fe que le ha sido transmitida. Actuando en comunión con todos los obispos, el Papa preserva y difunde las enseñanzas de Cristo reveladas en la Sagrada Escritura, la Sagrada Tradición y en la profundización que constantemente hace la Iglesia en la Revelación. Su autoridad y gobierno provienen de la **Santa Sede** (algunas veces también se le llama *Sede Apostólica* o *Sede Romana*), en la cual está incluida la **Curia Romana**, esto es, el conjunto de personas y congregaciones que lo apoyan para manejar, día a día, los diversos asuntos relacionados con la vida de la Iglesia.

Pedro y la autoridad de la Iglesia

Lee y reflexiona en los pasajes de la Escritura que se citan abajo. ¿De qué forma ilustra cada uno el rol único de Pedro (y el de los papas que vinieron después de él)?

Mateo 16:13–20 Juan 1:40–42

Juan 21:15–17 Hechos 1:15–16, 21–26

Hechos 10:9–42 Hechos 15:1–12

¿Es infalible el Papa?

Es fácil malinterpretar lo que la Iglesia entiende por infalibilidad papal. La infalibilidad no significa que el Papa nunca se equivoca. Tampoco significa que el papa nunca comete pecados. Lo que la **infalibilidad** significa es que bajo estas tres condiciones, la enseñanza del Papa no puede contener errores gracias a la asistencia del Espíritu Santo:

- El Papa debe estar hablando como jefe y pastor de la Iglesia.
- Debe decir claramente que una determinada enseñanza es una verdad de fe que debe ser aceptada por toda la Iglesia.
- La enseñanza debe ser en materia de fe o de moral.

La formas más comunes de enseñar que tiene el Papa —homilías, discursos, cartas encíclicas, etc.— no cumplen con estos tres requisitos. De hecho, el número total de afirmaciones infalibles es muy pequeño. Un ejemplo es la Asunción de la Santísima Virgen María, declarada en 1950 por el Papa Pío XII. Sin embargo, los católicos les deben respeto a todas las enseñanzas del Papa, independientemente de que sean presentadas como infalibles o no.

Los obispos

Pedro fue sólo uno de los doce apóstoles a los que Jesús nombró para "enviarlos a predicar con el poder de expulsar los demonios" (Marcos 3:14–15). Los católicos creen que *los obispos* son los sucesores de los apóstoles restantes. Con el sacramento de las sagradas órdenes (ordenación), los obispos continúan la misión de Cristo y la obra de los apóstoles y permanecen en comunión con el papa, el obispo de Roma.

En una diócesis muy grande, un **obispo auxiliar** puede ayudar al obispo con tareas sacramentales y administrativas. El Papa designa a algunos miembros del clero como **cardenales**. Los cardenales pueden votar en la elección de un nuevo Papa hasta la edad de 80 años. Esto lo hacen en una reunión, que se tiene en un ambiente de oración, llamada **cónclave**.

Las conferencias episcopales y sus diversas comisiones clarifican y aplican las enseñanzas de la fe católica a temas religiosos y sociales particularmente importantes en un país, región o cultura. Algunos ejemplos son la Conferencia de Obispos Católicos de Estados Unidos (**USCCB**) o la Conferencia Episcopal Canadiense (CICB, ambas por sus siglas en inglés).

Un **nuncio papal** es un arzobispo que actúa como un delegado oficial del Vaticano en un determinado país. Tiene el rango diplomático de embajador. En Estados Unidos y Canadá actúa como facilitador entre los obispos del país en cuestión y las diversas oficinas (congregaciones) del Vaticano en Roma.

- *¿Qué cualidades debe tener un líder?*

En breve:

- La Iglesia es una institución y un cuerpo vivo.
- Los cristianos deben ser el Cuerpo de Cristo en el mundo.
- El Espíritu Santo guía fielmente a la Iglesia hacia la verdad.

La Iglesia como comunidad

¿Qué te viene a la mente cuando escuchas la palabra iglesia? Quizás pensaste en un edificio o en el papa y los obispos, o quizás en tu grupo del RICA o en la Misa.

La palabra *iglesia* tiene muchos significados. Sin embargo, para los católicos, la Iglesia es mucho más que un edificio o un grupo de personas o una liturgia. La respuesta la decimos al inicio de la Misa: "La gracia de nuestro Señor Jesucristo, el amor del Padre y la comunión del Espíritu Santo esté con ustedes" *(Misal Romano).*

> Es aquí, en la Trinidad, en donde se basa la unidad de los cristianos. Porque la Iglesia está compuesta por personas, personas unidas, pero no por un edificio o una jerarquía o una forma de organizarse, sino por *alguien*.

El Concilio Vaticano II afirma que la Iglesia resplandece como "un pueblo reunido en virtud de la unidad del Padre y del Hijo y del Espíritu Santo" (*Constitución Dogmática sobre la Iglesia Lumen Gentium*, 4). La Iglesia es la comunidad de todos aquellos que participan en la vida de Dios "por la fe y el Bautismo" (*CIC* 804) y por la constante presencia de Cristo que los conduce a una visión unitaria de Dios, un pueblo que actúa como uno sólo gracias al Espíritu Santo que habita en sus corazones.

> *"Por el Bautismo el cristiano participa de la gracia de Cristo, Cabeza de su Cuerpo. Como 'hijo adoptivo' puede ahora llamar 'Padre' a Dios, en unión con el Hijo único. Recibe la vida del Espíritu que le infunde la caridad y que forma la Iglesia".*
>
> *CIC 1997*

¿Cómo se describe la Iglesia en la Escritura?

Colosenses 1,181	Pedro 2.9–10
Efesios 2,19–20 1	1 Corintios 3,9
1 Timoteo 3,15	Galátas 3,28

¿Por qué necesitamos a la Iglesia?

Estamos hechos a imagen y semejanza de Dios. Como Dios es una comunidad de amor del Padre, del Hijo y del Espíritu Santo, fuimos creados para vivir en comunidad también nosotros.

Jesús vino para conducirnos a la "comunidad de amor" de la Trinidad. Jesús vivió, murió y resucitó para hacer de toda la gente una sola familia (Juan 10:16–18). En la Última Cena, nos pidió que nos amáramos los unos a los otros como él nos ama (Juan 15:12) y oró para que fuéramos uno, como él y el Padre son uno (17:20–21).

Jesús formó la comunidad de creyentes asegurando su presencia continua sobre la tierra: "Porque donde están dos o tres reunidos en mi nombre, allí estoy yo en medio de ellos" (Mateo 18:20). Cuando Saulo perseguía a los cristianos después de la ascensión de Jesús al cielo, se encontró a Cristo resucitado que le preguntaba, "¿por qué me persigues?" (Hechos 9:4). Saulo, quien más tarde se llamaría Pablo, pudo entender la unión entre Cristo y los creyentes: al haber perseguido a los cristianos había perseguido también al mismo Cristo.

> *"Muchos son los miembros, mas uno el cuerpo (...). Si sufre un miembro, todos los demás sufren con él. Si un miembro es honrado, todos los demás toman parte en su gozo".*
>
> *1 Corinthians 12:20, 26*

¿A qué se refería Pablo cuando llamó a la Iglesia "Cuerpo de Cristo"?

Pablo utiliza los términos Cuerpo de Cristo e Iglesia indistintamente. **Iglesia** (*Ekklesia* en griego) es una asamblea de gente reunida como "el pueblo de Dios". Cristo llama a los creyentes a compartir con el mundo su fe diciendo: "En esto conocerán todos que son discípulos míos, si se tienen amor los unos a los otros" (Juan 13:35). La Iglesia debe seguir haciendo presente el amor de Cristo en el mundo.

Cristo puso su confianza en sus apóstoles y en nosotros. El depende en nosotros los cristianos a continuar su trabajo. Su misión a traves de la Iglesia depende en sus seguidores en traer Cristo al mundo. Antes de que Jesús fuera crucificado, vivió en un cuerpo mortal a través del cual habló, escuchó, tocó, perdonó, sanó, consoló, compartió, oró, amó, unió y bendijo. Ahora la Iglesia es su Cuerpo.

Cristo no tiene cuerpo, sino el tuyo.
No tiene manos, no tiene pies sobre la tierra sino los tuyos.
Tuyos son los ojos con los que mira el mundo y se compadece de él.
Tuyos son los pies con los que camina para hacer el bien.
Tuyos son las manos con las que bendice para hacer el bien.
Tuyas son las manos, tuyos son los pies,
tuyos los ojos, tú eres su cuerpo.

St. Teresa of Ávila

Los padres de familia que crían a sus hijos, los niños y jóvenes que van a la escuela, los adultos que van a su trabajo, los sacerdotes que se entregan a sus ministerios, los ancianos en los asilos: todos son el Cuerpo de Cristo en virtud de su bautismo.

- *¿Qué dones aportas tú al Cuerpo de Cristo?*

El Cuerpo Místico

El **Cuerpo Místico de Cristo** es toda la Iglesia, unida entre sí y con Cristo como cabeza. Además de llamar a la Iglesia "Cuerpo de Cristo" también la llamamos "Pueblo de Dios", "Esposa de Cristo" y "Templo del Espíritu Santo" (*CIC* 781–798).

Cada miembro es una parte única del Cuerpo de Cristo. Todos los cristianos están llamados a trabajar juntos como una sola realidad, tal como las partes del cuerpo humano actúan juntas. Aunque formado por individuos, los miembros de la Iglesia no viven sólo para sí mismos, sino para todo el Cuerpo de Cristo. En la celebración de la Misa, los católicos se unen en oración como un sólo cuerpo.

Jornada de Fe

En breve:

- Los católicos honran a María como el primer y más perfecto discípulo de Jesús.
- María intercede por nosotros como la Madre de Jesús y la Madre de la Iglesia.
- Los títulos de María expresan aspectos de su relación con Jesús y con nosotros.

- *Piensa en una mujer que haya influido en tu vida. ¿Por qué es ella tan especial para ti?*

María

Jesús está al centro de la fe católica. Esta lección es sobre María, su madre, una de las personas más veneradas en nuestra fe. Cuando el ángel preguntó a María si aceptaba ser la Madre de Dios, ella respondió: "Hágase en mí según tu palabra" (Lucas 1:38). María aceptó la voluntad de Dios para su vida. Se convirtió en la que lleva a Cristo, aquella por la cual Jesús, nuestra esperanza para alcanzar la salvación, entró al mundo haciendo posible nuestra redención.

Por tanto, es lógico que aquellos que creen en Jesús como su Señor, también quieran respetar y **venerar** (honra o reverenciar) a María. Si amamos a Jesús, amamos a su Madre por el papel tan importante que jugó en su vida. "El papel de María con relación a la Iglesia es inseparable de su unión con Cristo, deriva directamente de ella" (*CIC* 964).

> *"Bendita tú entre las mujeres y bendito el fruto de tu seno".*
>
> *Lucas 1:42*

¿Quién honró por primera vez a María?

Dios Padre honró a María. El ángel Gabriel, enviado por Dios, dijo: "Alégrate, llena de gracia, el Señor está contigo" (Lucas 1:28). Este saludo se ha convertido en la primera parte de la oración del Avemaría. Dios honró a María escogiéndola y haciendo que su hijo completamente divino asumiera la naturaleza humana dentro de ella.

Jesús, el Hijo de Dios, la honró. La escogió para que fuera su madre. Al inicio de su ministerio público, convirtió el agua en vino en la fiesta de Caná porque ella se lo pidió (Juan 2:1–11).

Los primeros discípulos honraron a María. María oró junto con ellos mientras esperaban la venida del Espíritu Santo (Hechos 1:14). De la misma forma en que Jesús nació de María, así también la Iglesia cristiana nació en Pentecostés estando María presente.

La Iglesia en los inicios honró a María. San Lucas honró a María con sus relatos de la anunciación, visitación y nacimiento de Cristo. María fue una figura popular de devoción entre los primeros cristianos. Ya desde el año 150, en las catacumbas, la gente pintaba imágenes de María sosteniendo al Niño Jesús.

> *"Nunca tengan miedo de amar demasiado a la Santísima Virgen. Nunca podrán amarla más de lo que Jesús la amó".*
>
> *San Maximiliano Kolbe*

CIC 495, 963–975

¿De qué forma honran los católicos a María?

Los católicos honran a María viendo en ella a una madre y esforzándose por imitarla. María aceptó la voluntad de Dios sin reservas. Fue el primer y más perfecto discípulo de Cristo. Nos enseña a seguir a Jesús y a llevar su Evangelio a otros. Al honrar e imitar a María, alabamos y le damos gracias a Dios por todo lo que ha hecho por medio de ella.

Los católicos también honran a María cuando invocan su **intercesión**, pidiéndole que ruegue a Dios por nosotros o que una sus oraciones a las nuestras. ¿Es necesario hacer esto? No. Nosotros podemos orar directamente a Dios. Sin embargo, cuando invocamos la intercesión de María, tenemos a alguien que ora por nosotros y con nosotros, y que está muy cerca de Jesús.

¿La devoción a María reemplaza la adoración que damos a Dios? No. María es un ser creado y una sierva del Señor. Ella nos conduce a Cristo, nuestro Salvador y Redentor. Al rezar a María, los católicos no le rendimos culto ni la adoramos. Sólo Dios es digno de adoración. Lo que sí hacemos es honrarla por el papel tan importante que desempeñó en el plan de salvación y por la forma en que aceptó la voluntad de Dios.

> *"María escucha la palabra de Dios y la conserva. En esto ella es, como el Papa Pablo VI la llama en su exhortación Marialis Cultus, 'nuestra hermana' en la fe".*
>
> *Elizabeth Juanson, CSJ, In Search of the Real Mary [En busca de la verdadera María]*

Dogma: una doctrina (enseñanza) de la Iglesia que no puede discutirse ni negar. Creer en ella y aceptarla por la fe es necesario para la salvación.

Nuestra Señora del Perpetuo Socorro

Nuestra Señora de Guadal

¿Qué es la Inmaculada Concepción?

El **dogma** de la Inmaculada Concepción proclama que María nunca tuvo pecado original, desde el momento que fue concebida en el seno de su madre y nunca cometió pecado a lo largo de su vida. En otras palabras, Dios la preservó de la herencia del pecado de Adán y Eva, y evitó en ella toda forma de corrupción y el peso de la culpa. Esto permitió a María ser el vaso sin macha que recibió y engendró al Hijo perfecto y divino de Dios.

La condición libre de pecado hace referencia a la existencia original en el Jardín del Edén y prefigura la vida futura en el Reino de Dios. Así como Eva simboliza nuestra naturaleza humana caída, María simboliza la naturaleza redimida de los **santos** en el cielo. Por esta razón, la Iglesia se refiere a ella como la "nueva Eva".

¿Qué es la asunción de María?

Los dones y gracias de María no terminan con su último aliento. El Papa Pío XII definió el dogma de la Asunción con estas palabras: "La Inmaculada Madre de Dios, siempre Virgen María, cumplido el curso de su vida terrena, fue asunta en cuerpo y alma a la gloria celeste" (Munificentissimus Deus, 1 de noviembre de 1950).

Nosotros también fuimos creados para estar con Dios en el cielo algún día, en cuerpo y alma. Así como la resurrección de Jesús es el fundamento de nuestra esperanza, así también la asunción de María es el primer fruto de la promesa de Dios de que quienes permanezcan fieles tendrán parte también en la resurrección.

En breve:

- Los santos son nuestros modelos para vivir la fe fielmente.
- Los santos no son perfectos y no debemos adorarlos.
- La canonización es el proceso para declarar a alguien santo.

Los Santos

Piensa en alguien a quien consideres un verdadero cristiano. Al igual que la persona que vino a tu mente, los santos son personas normales que llevaron una vida santa. Es probable que no pienses en las personas que te encuentras en tu vida ordinaria —¡o en ti mismo!— como santos.

La verdad es que todos estamos llamados a ser **santos**. La mayoría de nosotros no será reconocido oficialmente por la Iglesia como santo, pero estamos llamados a elegir a Dios en nuestras vidas. En otras palabras, debemos ser santos.

Los santos son modelos de vida para nosotros. Son ejemplo de personas que vivieron la "pobreza de espíritu" y cuya confianza está puesta en Dios, reconociendo su dependencia de Él. Jesús los llama "bienaventurados" y promete que "de ellos es el Reino de los Cielos" (Mateo 5:3).

"Pasaré mi cielo haciendo el bien sobre la tierra".

Santa Teresita, ver CIC 956

Todos están llamados a ser santos

La palabra rusa , *prepodobnia*, usada por la Iglesia ortodoxa, significa "muy, muy parecido". Durante su vida, los santos se hacen "muy, muy parecidos" a Jesús. Todos estamos llamados a hacernos como Jesús.

Quizás no piensas en ti mismo o en ti misma como santo, porque no has hecho nada heroico o eres muy consciente de tus muchos pecados. Eso no es excusa. Santa Teresita de Lisieux, una monja carmelita considerada una de las más grandes santas, vivió y murió dentro del claustro a la edad de 24 años. Es admirada porque rechazó aquellas cosas que el mundo veía cómo importantes. Simplemente encontró la santidad en las cosas ordinarias de cada día.

Algunos santos han tenido dificultades con los estudios cuando estaban en la escuela; otros estaban casados, otros separados, otros eran solteros y otros eran miembros del clero o de comunidades religiosas. Algunos santos murieron cuando tenían doce años y otros vivieron cien. Hay santos de todo tipo de proveniencia étnica y racial, santos con discapacidades, santos que crecieron sin tener casa y santos que eran reyes o reinas.

"Todos estamos llamados a ser santos. Dios espera algo de cada uno de nosotros que nadie más puede dar".

Dorothy Day, fundadora del Movimiento Católico de los Trabajadores

¿De qué forma escoge la Iglesia a los santos?

Honrar a los santos ha sido parte del Cristianismo desde los inicios. Esta práctica proviene de una tradición judía muy arraigada de honrar a los profetas y a la gente santa en santuarios. Los católicos honran a María, la madre de Jesús, como la más grande entre los santos. Muchos de los primeros santos eran **mártires**, gente que fue perseguida y que murió por su fe.

El Papa y los obispos supervisan el proceso de **canonización**. El título "santo" nos dice que una persona vivió una vida santa, que está en el cielo y que debe ser honrado por la Iglesia Universal. Pero la canonización no convierte a una persona en santa; solamente reconoce lo que Dios hizo en ella. Si bien todos los que han sido canonizados son santos, no todos los que son santos han sido canonizados.

El proceso de canonización comienza después de la muerte de un católico que es considerado santo. Su vida es examinada para determinar si vivió las virtudes o el martirio en grado heroico, si fue fiel a las enseñanzas de la Iglesia y si tiene fama de santidad. Debe haber evidencia de milagros alcanzados por intercesión del posible santo y dicha intercesión debe tener lugar no en vida del santo, sino una vez que este haya muerto. Esos milagros prueban que esa persona está en el cielo y que puede interceder por nosotros.

¿Tener imágenes de los santos no es caer en la idolatría?

Algunas personas creen que la costumbre católica de tener imágenes y estatuas de santos es idolatría. Pero los católicos no ven así la devoción a los santos. Los santos son modelos de una vida cristiana íntegra e interceden por nosotros con su oración. Usamos las imágenes para recordar su ejemplo de fidelidad y su solicitud por nosotros.

Es algo parecido a las personas que conservan fotografías u objetos que les recuerdan a sus seres queridos: no le rinden culto ni a los objetos ni a las personas. Contemplar una estatua de Santa Teresita de Lisieux, cuya mamá murió cuando era chica, puede ayudarnos a sentirnos menos solos cuando hemos perdido a un ser querido. Una imagen de san Francisco de Asís puede recordarnos el amor a la creación de Dios y hacernos más conscientes del problema ambiental.

Santa Teresa de Lisieux

San Juan Bosco

¿Por qué los católicos les rezan a los santos?

Los católicos no rezan a los santos de la misma forma que rezan a Dios. Sólo Dios merece nuestro culto. Una definición de oración es "una sentida petición". Cuando los católicos les rezan a los santos, les están pidiendo que recen por ellos y con ellos en momentos de dificultad.

Como los santos llevaron una vida santa y están cerca de Dios del cielo, sus oraciones son particularmente eficaces. Los católicos a menudo piden a un determinado santo que ore por ellos si sienten que Él o ella puede tener un interés particular en su problema. Por ejemplo, como santa Mónica oró durante veinte años para que

En breve:

- El cielo y el infierno son nuestros únicos destinos posibles.
- El purgatorio es una purificación que prepara a las almas para el cielo.
- Cada uno de nosotros deberá someterse a un juicio personal y al Juicio final.

Escatología: "los últimos tiempos"

Tener presente que somos mortales y recordar lo que sucede después de la muerte, puede inquietarnos, provocarnos miedo e incluso confundirnos. Los detalles también son un misterio y tenemos sólo algunas pequeñas pistas para entender cómo será. Pero los cristianos encuentran consuelo y esperanza al creer que Jesús venció la muerte, nos ganó la vida eterna y prometió volver triunfando definitivamente sobre el mal. La doctrina de la Iglesia sobre esas "últimas realidades" se llama *escatología*.

La **Escatología** se ocupa de las cosas que sucederán:

- al final de la vida de una persona.
- al final de la historia humana y de la creación.
- en la Segunda venida de Cristo.

Analicemos la vida y la vida después de la muerte de "José" hasta la Segunda venida de Cristo. Las experiencias de José nos ayudarán a entender mejor la escatología de toda la humanidad y de la creación.

La vida, muerte y juicio particular

José comenzó su jornada de fe el día de su bautismo. Durante su vida, José tuvo muchas oportunidades para responder a la misericordia de Dios y recibir el don de la salvación a través de Jesucristo. Algunas veces cedió al pecado, pero trató de seguir a Cristo fielmente. José aceptó el amor y redención que Dios le ofreció.

Cuando José muere, inmediatamente afronta el juicio de Dios. A esto se le llama "juicio particular" porque es un juicio individual.

En este juicio particular después de su muerte, José tiene tres opciones:

1. entrar inmediatamente al cielo;
2. purificarse en el purgatorio antes de entrar al cielo;
3. ser condenado al infierno.

¿Qué pasaría si a José nunca le hablaron del Evangelio o si no fue bautizado?

Dios quiere que *todos* se salven y se encarga de que todos puedan salvarse gracias a la muerte y resurrección de Cristo (misterio pascual). Cuando los que no conocen a Cristo hacen la voluntad de Dios, en el fondo están respondiendo a Cristo. Dios les da a todos la oportunidad de responder positivamente a su misericordia y salvación.

"El Espíritu Santo ofrece a todos la posibilidad de que (…) se asocien a este misterio pascual. Todo hombre que, ignorando el Evangelio de Cristo y su Iglesia, busca la verdad y hace la voluntad de Dios según él la conoce, puede ser salvado" (*CIC* 1260).

CIC 668–82, 954-959, 988–1060, 1260 and 2820

Jesús nos reveló el gran amor de Dios por nosotros. Y lo que determinará qué sucederá después de la vida de José es qué tan bien ha amado. ¿Se arrepintió, aceptó el amor de Dios y respondió amando a Dios y a los demás o se negó a hacerlo?

¿Cielo, infierno o purgatorio?

> *"El amor perfecto hace posible nuestra entrada en el cielo, el amor imperfecto requerirá purificación y una falta total de amor significará una separación eterna de Dios".*
>
> *Catecismo Católico de los Estados Unidos para los adultos, p. 163-164*

El cielo

Si José muere "en la gracia y la amistad de Dios (…) perfectamente purificado", su alma va directamente al cielo (cf. *CIC* 1023). **El cielo** es un lugar de gozo en comunión con la Santísima Trinidad, María, los ángeles y todos los bienaventurados; el fin último y la realización de las aspiraciones más profundas del hombre, el estado supremo y definitivo de dicha" (*CIC* 1024).

La Escritura utiliza muchas imágenes para describir el cielo: ciudad celestial (Apocalipsis 21:10), morada eterna (2 Corintios 5:1), un banquete de bodas lleno de gloria (Mateo 22:1–14), el paraíso (Lucas 23:43). Todo habla de una felicidad suprema que va más allá de toda comprensión humana.

- *¿Cómo te imaginas el cielo?*

El infierno

Si José rechazó el amor y la misericordia de Dios, entonces irá al **infierno**, el cual es "la separación eterna de Dios" (*CIC* 1035). Esto es posible porque Dios ama a todos, pero también nos da un **libre albedrío**, una libertad para aceptar o rechazar su amor. Cada individuo puede elegir su destino último. Escoger rechazar el amor de Dios de forma definitiva al final de la vida conduce a vivir eternamente separado de Dios en el infierno.

> *"Dios no predestina a nadie a ir al infierno (cf DS 397; 1567); para que eso suceda es necesaria una aversión voluntaria a Dios (un pecado mortal), y persistir en él hasta el final".*
>
> *CIC 1037*

El purgatorio

Si José responde a la misericordia de Dios, pero no está libre de todos los apegos al pecado, puede "estar seguro de su eterna salvación", pero necesitará purificarse después de la muerte "a fin de obtener la santidad necesaria para entrar en la alegría del cielo" (*CIC* 1030). Esta purificación final es el **purgatorio**, el cual implica el "fuego purificador", que es no obstante "completamente distinto del castigo de los condenados" (cf. *CIC* 1031). Cuánto durará esa purificación depende de cuánto necesitará José purificarse para estar en condiciones de encontrarse cara a cara con Dios en el cielo.

La Escritura nos anima a rezar por los muertos (ver 2 Macabeos 12:44). Los miembros de la Iglesia que todavía peregrinan en la tierra, los santos del cielo y las almas del purgatorio están unidas formando el Cuerpo Místico de Cristo, la comunión de los santos y se ayudan entre sí con su oración mutua (*CIC* 954–959).

Orar por los muertos

Orar por nuestros seres queridos que han muerto nos da consuelo. Prueba decir esta oración por alguien a quien amas y que ha muerto:

Concédele el descanso eterno, Señor, a [nombre] y que brille para [él o ella] la luz perpetua. Y que las almas de los fieles difuntos, por la misericordia de Dios, descansen en paz. Amén.

La Segunda venida de Cristo

En el Credo de Nicea, los católicos confiesan que Cristo "de nuevo vendrá con gloria para juzgar a vivos y muertos, y su reino no tendrá fin". Habiendo vencido al mal con su muerte y resurrección, y habiendo ascendido al cielo, Cristo reina en su gloria como rey. Su reino ya está presente sobre la tierra como una semilla; sin embargo, la Iglesia sobre la tierra y toda la creación anticipan la perfección del Reino de Cristo hasta su vuelta, cuando ya no habrá pecado ni muerte.

Con un compañero o como grupo, analiza las formas en que Jesús describe el Reino de Dios en el Evangelio de Mateo. Comparte con otros lo que descubras.

El Reino de Dios es como...

Mateo 13:24–30 Mateo 13:31–32

Mateo 13:33 Mateo 13:44

Mateo 13:45–46 Mateo 13:47–50

- *Basándote en estas parábolas, ¿cómo crees que va a ser el Reino de Dios?*

¿Qué es el "arrebato cristiano"?

Algunos cristianos creían que la **Segunda venida** de Cristo sucedería en dos fases:

1. primero, un "arrebato" (o asunción) de todos los cristianos al cielo;
2. segundo, un tiempo de tribulación sobre la tierra hasta que Cristo viniera finalmente

La Iglesia Católica enseña que este "arrebato" de los fieles y la Segunda venida de Cristo no son dos momentos distintos, sino uno sólo. Algunos cristianos, basándose en una interpretación literal de Apocalipsis 20, también esperan un reino terreno de Cristo de mil años después de su Segunda venida. Los católicos rechazan esta interpretación, creyendo más bien que el reino perfecto de Dios no se realizará completamente en este mundo lleno de imperfecciones.

La resurrección del cuerpo

En el Credo de Nicea, profesamos que "esperamos la resurrección de los muertos y la vida del mundo futuro". Cuando Cristo vuelva, resucitará a los muertos. El alma de José volverá a unirse a su cuerpo, el cual será transformado milagrosamente por el infinito poder de Dios.

Los cristianos creen que el poder de la muerte sobre la humanidad ha sido vencido por la resurrección de Jesús. En consecuencia, la persona humana —cuerpo y alma— será formada nuevamente para la vida eterna. Viviremos por siempre con Dios de una manera inmensamente bella en la que no se envejecerá y no habrá enfermedades ni sufrimiento. La transfiguración de Cristo que encontramos en sus apariciones después de la Resurrección, así como su presencia en la Eucaristía, nos dejan entrever un poco de cómo será la vida futura. La asunción de María, en cuerpo y alma, al cielo al final de su vida es también una promesa de la vida futura.

> *"Toma Jesús consigo a Pedro, a Santiago y a su hermano Juan, y los lleva aparte, a un monte alto. Y se transfiguró delante de ellos: su rostro se puso brillante como el sol y sus vestidos se volvieron blancos como la luz".*
>
> Mateo 17:1–2

- *¿Cómo imaginas tu cuerpo resucitado? ¿De qué forma eso influye en la forma en que miras tu cuerpo actualmente?*

El juicio final

Después de la resurrección de los muertos, "Frente a Cristo (...) será puesta al desnudo definitivamente la verdad de la relación de cada hombre con Dios" (CIC 1039). El juicio particular de José determina su destino eterno y este ya no podrá cambiarse. En el **Juicio Final**, todas nuestras acciones y sus consecuencias serán conocidas, y será revelado a todos su último significado en el contexto de la obra de salvación de Dios a lo largo de los siglos. Cristo pronunciará su juicio sobre cada acto malo y recompensará toda obra buena con el honor que esta merezca.

> *"Llega la hora en que todos los que estén en los sepulcros oirán su voz y saldrán los que hayan hecho el bien para una resurrección de vida, y los que hayan hecho el mal, para una resurrección de juicio".*
>
> *Juan 5:28–29*

¿Menciona tres cosas que puedes hacer desde ahora para prepararte a tu juicio particular y al Juicio final?

1.

2.

3.

El Reino de Dios

Si José escoge a Dios con su vida, tendrá la vida eterna en el Reino de Dios. La humanidad, el universo y la creación serán redimidos, serán transformados de una manera maravillosa para poder participar de la vida eterna.

El anhelo de llegar a la vida eterna no debe hacer que dejemos de trabajar por mejorar este mundo. Al contrario, la fe y la esperanza nos animan a servir a los demás y a trabajar por la renovación del mundo aquí y ahora como signo y principio de la perfección futura a través de Cristo (*CIC* 1049, 2820).

Jornada de Fe para Adultos: Preguntas, P16 (826931)

Imprimi Potest: Stephen T. Rehrauer, CSsR, Provincial de la Provincia de Denver, Redentoristas.

Imprimatur: "Conforme al C. 827, Rev. Msgr. Mark S. Rivituso, Vicar General de St. Louis, concedió el Imprimátur para la publicación de este libro el 7 de junio del 2016. El Imprimátur es un permiso para la publicación que indica que la obra no contiene contradicciones con las enseñanzas de la Iglesia Católica, sin embargo no implica la aprobación de las opiniones que se expresan en ella. Con este permiso no se asume ninguna responsabilidad".

Jornada de Fe © 2000, 2017 Liguori Publications, Liguori, MO 63057. Para hacer pedidos, visite *Liguori.org* o llame al 800-325-9521. Liguori Publications, corporación no lucrativa, es un apostolado de los Redentoristas. Para saber más acerca de los Redentoristas visite "Redemptorists.com".

Edición del 2016: Autor P. Dave Heney; Theresa Nienaber y Pat Fosarelli, MD, DMin; Coordinación editorial en español de Gabriel Hernández. Arte/Diseño de Lorena Mitre Jiménez; imágenes: Shutterstock.

Impreso en los Estados Unidos de América. Tercera edición.

LIBROS LIGUORI

Jornada de Fe

…n Juan Pablo II

Santa Teresa de Calcuta

su hijo se convirtiera al Cristianismo, muchas personas le piden a ella su intercesión si tienen dificultad para perseverar en la oración. Las oraciones de santa Mónica al final fueron escuchados: su hijo, Agustín, llegó a ser santo y doctor de la Iglesia.

> *"No lloren porque voy hacerles más útil después de mi muerte y podré ayudarles mejor que durante mi vida".*
>
> *Santo Domingo, moribundo, a sus frailes*

Comunión de los santos

La Iglesia es el Cuerpo de Cristo, unida entre sus miembros y con Cristo como su cabeza. También llamada **comunión de los santos**, esta asamblea o comunión incluye a todos los santos de Dios, aquellos que están en el cielo o de camino a Él y aquellos sobre la tierra que optan por Cristo con sus vidas.

> *"La comunión de los santos es precisamente la Iglesia".*
>
> *CIC 946*

Investiga un poco sobre el santo patrono de tu profesión, pasatiempo o nacionalidad. Encuentra a un santo con tu mismo nombre o cuya fiesta sea el día de tu cumpleaños. Aprende algunas cosas sobre Él o sobre ella: su vida, su vocación o carrera, sus buenas obras y compañeros cercanos.

- *¿Qué santo escogiste?*
- *¿Qué es lo que más te gusta de ese santo?*

Meditación guiada

Siéntate sin prisas e imagina que está contigo un santo, quizás uno de los santos que apareció en esta lección.

Imagina que estás en un lugar muy bello y tranquilo. ¿Qué ves, qué escuchas, qué sientes?

Imagina que alguien viene caminando hacia ti. Conforme se acerca, te das cuenta de que es el santo que escogiste.

¿Cuál es el aspecto del santo? ¿Con qué actitud se presenta y que expresión tiene en el rostro?

El santo pregunta, "¿qué puedo hacer por ti? Cuéntale qué es lo que te preocupa.

¿Qué te responde el santo?

Imagina que el santo te entrega un regalo de parte de Dios. ¿Qué es ese regalo?

Juntos oren a Dios presentándole tu dificultad.

En ese momento sientes el amor y el apoyo del Santo conforme terminan su rato de oración.

Imagina que estás conversando con Dios y le compartes las respuestas que das a las siguientes preguntas. Anota en tu diario tanto lo que tú dices cómo lo que te dice Dios.

¿Quieres hacer la voluntad de Dios? ¿De qué forma te gustaría ser transformado por Dios?

¿Cómo puedes estar más abierto para colaborar con esta jornada espiritual que quiere hacer de ti un santo?

Jornada de Fe para Adultos: Preguntas, P15 (826931)

Imprimi Potest: Stephen T. Rehrauer, CSsR, Provincial de la Provincia de Denver, Redentoristas.

Imprimatur: "Conforme al C. 827, Rev. Msgr. Mark S. Rivituso, Vicar General de St. Louis, concedió el Imprimátur para la publicación de este libro el 7 de junio del 2016. El Imprimátur es un permiso para la publicación que indica que la obra no contiene contradicciones con las enseñanzas de la Iglesia Católica, sin embargo no implica la aprobación de las opiniones que se expresan en ella. Con este permiso no se asume ninguna responsabilidad".

Jornada de Fe © 2000, 2017 Liguori Publications, Liguori, MO 63057. Para hacer pedidos, visite *Liguori.org* o llame al 800-325-9521. Liguori Publications, corporación no lucrativa, es un apostolado de los Redentoristas. Para saber más acerca de los Redentoristas visite "Redemptorists.com".

Edición del 2016: Autor P. Dave Heney; Theresa Nienaber y Pat Fosarelli, MD, DMin; Coordinación editorial en español de Gabriel Hernández. Arte/Diseño de Lorena Mitre Jiménez; imágenes: Shutterstock.

Impreso en los Estados Unidos de América. Tercera edición.

LIBROS LIGUORI

Jornada de Fe

Papa Francisco

Nuestra Señora de Lourdes

Lee los pasajes del Evangelio y las citas que aparecen abajo. Después identifica dos cualidades de María en cada uno de ellos. Reflexiona sobre su vida y virtudes escribiendo la respuesta en tu diario.

Lucas 1:26–38 (la Anunciación)

Lucas 1:39–56 (la Visitación)

Lucas 2:1–21 (el nacimiento de Jesús)

Juan 2:1–12 (las bodas de Caná)

Juan 19:25–27 (María al pie de la cruz)

"[María] no dudó en proclamar que Dios es vindicador de los humildes y de los oprimidos (...), una mujer fuerte que conoció la pobreza y el sufrimiento, la huida y el exilio (cf. Mt 2, 13–23) (...) con su acción favoreció la fe de la comunidad apostólica en Cristo (cf. Jn 2, 1–12) y cuya función maternal se dilató, asumiendo sobre el Calvario dimensiones universales".

Papa Pablo VI, Marialis Cultus, 37

¿Por qué los católicos llaman a María "la siempre virgen"?

María concibió a Jesús con el poder del Espíritu Santo (Lucas 1:34–35). La doctrina y tradición católicas afirman que María siguió siendo virgen incluso después de haber dado a luz a Jesús. La vocación de María a la virginidad perpetua le permitió consagrarse totalmente al amor de Dios y de su Hijo.

Algunos pasajes como Marcos 6:3 dicen que Jesús tenía hermanos. Los católicos no interpretan esto como si María hubiera tenido otros hijos. En algunos escritos judíos, todos los familiares cercanos incluyendo los primos son llamados hermanos. Una tradición del siglo II dice que se trataba de hijos de José tenidos en un matrimonio previo. En el Evangelio de Juan, Jesús confió a su madre al discípulo amado (19:26–27). San Hilario de Poitiers enseñó que Jesús no habría hecho eso si María hubiera tenido otros hijos.
(*Comentario sobre Mateo*, 1:4 [AD 354]).

¿Por qué llamamos a María la Madre de Dios?

María es la Madre de Dios porque Jesús es Dios y sus naturalezas humana y divina no pueden separarse. Esto no significa que María haya sido la fuente de su naturaleza divina; Él sólo recibió de ella su naturaleza humana. Como Segunda Persona de la Trinidad, el Hijo ha existido desde toda la eternidad. Sin embargo, en el momento de su encarnación, el Hijo se hizo humano y divino en Jesús. Como María es la madre de una persona divina, es adecuado llamarla "Madre de Dios".

"En efecto, aquÉl que ella concibió como hombre, por obra del Espíritu Santo, y que se ha hecho verdaderamente su Hijo según la carne, no es otro que el Hijo eterno del Padre, la segunda persona de la Santísima Trinidad. La Iglesia confiesa que María es verdaderamente 'Madre de Dios'".

CIC 495

¿Por qué decimos que María es la Madre de la Iglesia?

Desde la cruz, Jesús dijo a María, "Mujer, ahí tienes a tu hijo" (Juan 19:26). Después dijo al discípulo amado, "Ahí tienes a tu madre" (19:27). En ese momento, Jesús presenta a María como madre de todos los discípulos cristianos. Por esta razón María es llamada "Madre de la Iglesia".

María apoyó y acompañó a la Iglesia en sus inicios hasta que fue asunta a los cielos. Sigue intercediendo y cuidando de nosotros hasta hoy.

¿Qué son las apariciones marianas?

Muchas personas fiables y santas han hablado de **apariciones**, o visiones sobrenaturales de María y mensajes que han sido fuente de innumerables bendiciones. Los santuarios dedicados a estas apariciones y que están en el lugar donde estas sucedieron son visitados por millones de personas cada año. Los más famosos son el de Nuestra Señora de Guadalupe en México; Lourdes, en Francia; y Fátima, en Portugal.

La Iglesia Católica no exige que creamos en esas apariciones, pero declaraciones oficiales han reconocido algunas apariciones y los mensajes a ellas asociados como dignos de ser creídos y compatibles con la Doctrina Católica. La Escritura nos dice que Dios mando ángeles y mensajeros con su palabra; por eso es razonable creer que Jesús pudo mandar también a su Madre.

Miles de milagros sucedidos en los santuarios marianos han sido estudiados y declarados imposibles de explicar desde el punto de vista médico. Quienes estudian estos milagros quedan maravillados por la evidente presencia del poder y la gracia de Dios actuando gracias a la intercesión de María y a su maternal afecto y cuidado por nosotros.

- *¿Cuál es la aparición mariana que más te llama la atención? ¿Por qué?*

María correspondió a la gracia de Dios y a sus bendiciones con aceptación humilde, serena paciencia y gozosa alabanza.

¿De qué forma le puedes mostrar a María tu gratitud por Jesús?

¿Cómo puedes alabar a Dios y dar a conocer su salvación en tu propia vida, familia y comunidad?

Jornada de Fe para Adultos: Preguntas, P14 (826931)

Imprimi Potest: Stephen T. Rehrauer, CSsR, Provincial de la Provincia de Denver, Redentoristas.

Imprimatur: "Conforme al C. 827, Rev. Msgr. Mark S. Rivituso, Vicar General de St. Louis, concedió el Imprimátur para la publicación de este libro el 7 de junio del 2016. El Imprimátur es un permiso para la publicación que indica que la obra no contiene contradicciones con las enseñanzas de la Iglesia Católica, sin embargo no implica la aprobación de las opiniones que se expresan en ella. Con este permiso no se asume ninguna responsabilidad".

Jornada de Fe © 2000, 2017 Liguori Publications, Liguori, MO 63057. Para hacer pedidos, visite *Liguori.org* o llame al 800-325-9521. Liguori Publications, corporación no lucrativa, es un apostolado de los Redentoristas. Para saber más acerca de los Redentoristas visite "Redemptorists.com".

Edición del 2016: Autor P. Dave Heney; Theresa Nienaber y Pat Fosarelli, MD, DMin; Coordinación editorial en español de Gabriel Hernández. Arte/Diseño de Lorena Mitre Jiménez; imágenes: Shutterstock.

Impreso en los Estados Unidos de América. Tercera edición.

LIBROS LIGUORI

Jornada de Fe

¿Quiso Jesús fundar una Iglesia?

La primera generación de cristianos creía que Jesús tenía la intención de fundar una Iglesia (Mateo 16:18) con líderes que pudieran tomar decisiones ratificadas por Dios (Mateo 18:18). Cristo les dio ritos que cumplir (Lucas 22:19), reglas de conducta (Mateo 6:21–22) y normas sobre el matrimonio (Marcos 10:11).

Sabemos que Jesús quiso fundar una comunidad porque reunió discípulos en torno a sí. Los llamó su "pequeño rebaño" y les habló de su Reino. Les enseñó el mensaje que iban a proclamar y nombró a doce de ellos como sus apóstoles. Pero no dejó un plan claro sobre cómo se le iba a dar continuidad a su trabajo una vez que ascendiera al cielo.

Los apóstoles se basaron en las palabras de Jesús, en sus enseñanzas y mandamientos y llevaron a sus vidas su ejemplo. Su muerte y resurrección fue una confirmación de todo lo que había hecho. Por último, envío al Espíritu Santo para recordarles todo lo que había hecho y todo lo que les había dicho, y así guiar su caminar incluso si los tiempos cambiaban y surgían nuevas preguntas en el campo de la fe y de la moral.

¿Cómo guía Dios a la Iglesia?

Como la Iglesia sobre la tierra está compuesta por seres humanos que no son perfectos, es de esperar que la Iglesia no sea perfecta "La Iglesia, a la que todos estamos llamados en Cristo Jesús y en la cual conseguimos la santidad por la gracia de Dios, no alcanzará su consumada plenitud sino en la gloria celeste" (*Constitución Dogmática sobre la Iglesia Lumen Gentium*, 48).

Jesús sabía que aquellos que lo iban a representar podían fallar. Pedro lo negó tres veces, pero Jesús, después de su resurrección, le encomendó tres veces cuidar a sus ovejas (Juan 21:15–18). Los apóstoles huyeron cuando Jesús fue arrestado y, aun así, el Señor se les apareció después de su resurrección y los envió a predicar el Evangelio a todas las naciones (Mateo 28:16–20).

La Iglesia de los inicios tuvo todos los problemas que se encuentran en la Iglesia actual (de hecho, problemas semejantes pueden encontrarse en cualquier organización humana grande). En los Hechos de los Apóstoles el lector puede encontrar mentirosos, hipócritas (5:1–11), quejas de falta de justicia (6:1), uso de la religión para el provecho personal (8:9–24), desacuerdos acerca de la doctrina (15:24), conflictos entre los líderes de la Iglesia (15:36–41) y predicaciones que no son escuchadas (17:22–34). La comunidad de Corinto tuvo discusiones sobre cuánto debían ganar los pastores, desorden en las ceremonias litúrgicas, escándalo y en algunos momentos prestó poca atención a los pobres (1 Corintios 5—11). Es normal que todos estos problemas se presenten cuando la gente quiere seguir a Jesús y no logra hacerlo con perfección a causa de la debilidad humana y del pecado.

A pesar de estas dificultades y fallos humanos, la Iglesia ha sido el medio por el cual millones de personas de todas las edades y de toda clase social y raza han podido conocer a Jesucristo y su mensaje de vida. Del seno de la Iglesia han salido individuos reconocidos universalmente por su bondad y santidad. Gente como san Francisco de Asís, santa Teresa de Calcuta, el beato Óscar Romero y Dorothy Day.

Algunas veces en la historia de la Iglesia, algunos de sus miembros han sido infieles al Espíritu de Dios. Pero el Espíritu siempre permanece fiel, guiando a la Iglesia a la verdad. Por eso la Iglesia sigue siendo un signo de la presencia de Cristo en el mundo y sigue proclamando su mensaje de amor, perdón, dignidad, gozo, esperanza y paz.

Todos los miembros del Cuerpo de Cristo son responsables de hacer presente físicamente a Cristo a aquellos con quienes viven y trabajan. Ellos transmiten la tradición —los dones, el legado, la misión y las verdades— que han recibido. No sólo se esfuerzan por saber más sobre la Iglesia, sino que también se empeñan por ser la Iglesia, el Cuerpo de Cristo en el mundo actual.

- *¿Cómo puedes hacer presente a Cristo en el mundo con tu vida diaria?*

En nuestros días existen muchos ejemplos edificantes de católicos que viven como parte del Cuerpo de Cristo. Busca en el boletín de tu parroquia, en alguna publicación de tu diócesis o en un sitio de internet católico el ejemplo de una persona u organización que:

1. utiliza sus dones y talentos particulares para alcanzar un bien mayor.
2. hace presente a Cristo en el mundo.
3. refleja el amor de la Trinidad.
4. busca la reconciliación y/o una mayor unidad de la Iglesia.

Comparte con el resto de tu grupo lo que hayas descubierto.

***Jornada de Fe para Adultos: Preguntas, P13* (826931)**

Imprimi Potest: Stephen T. Rehrauer, CSsR,
Provincial de la Provincia de Denver, Redentoristas.

Imprimatur: "Conforme al C. 827, Rev. Msgr. Mark S. Rivituso, Vicar General de St. Louis, concedió el Imprimátur para la publicación de este libro el 7 de junio del 2016. El Imprimátur es un permiso para la publicación que indica que la obra no contiene contradicciones con las enseñanzas de la Iglesia Católica, sin embargo no implica la aprobación de las opiniones que se expresan en ella. Con este permiso no se asume ninguna responsabilidad".

Jornada de Fe © 2000, 2017 Liguori Publications, Liguori, MO 63057. Para hacer pedidos, visite *Liguori.org* o llame al 800-325-9521. Liguori Publications, corporación no lucrativa, es un apostolado de los Redentoristas. Para saber más acerca de los Redentoristas visite "Redemptorists.com".

Edición del 2016: Autor P. Dave Heney; Theresa Nienaber y Pat Fosarelli, MD, DMin; Coordinación editorial en español de Gabriel Hernández. Arte/Diseño de Lorena Mitre Jiménez; imágenes: Shutterstock.

Impreso en los Estados Unidos de América. Tercera edición.

Los sacerdotes

"Vayan, pues, y hagan discípulos a todas las gentes bautizándolas en el nombre del Padre y del Hijo y del Espíritu Santo, y enseñándoles a guardar todo lo que yo les he mandado".

Mateo 28:19–20

Los obispos ordenan **sacerdotes** para que colaboren con ellos en su misión. Un **sacerdote diocesano** está vinculado con una diócesis específica, bajo la autoridad del obispo local. Un **sacerdote religioso** es miembro de una comunidad religiosa y puede trabajar en diversas partes del mundo invitado por el obispo del lugar.

Un **párraco** es el representante directo del obispo en una determinada parroquia. Las parroquias más grandes pueden tener también un **vicario**. "**Monseñor**" es un título honorario dado a un sacerdote en reconocimiento a sus contribuciones a la vida de la Iglesia.

Los diáconos

Al verse necesitados de ayuda, los apóstoles dijeron: "Hermanos, busquen entre ustedes a siete hombres, de buena fama, llenos de Espíritu y de saber, y los pondremos al frente de esa tarea" (Hechos 6:3). Los apóstoles oraron y les impusieron las manos a los que habían elegido.

Hoy ese ministerio se llama **diaconado** ("siervo" en griego), y se trata de un miembro ordenado del clero. Un diácono puede ser **transitorio** (esto es, un paso antes de llegar al sacerdocio) o **permanente**. Los diáconos permanentes pueden ser casados, pero sólo si ya estaban casados en el momento de la ordenación.

- *¿Hay algún diácono en tu parroquia? ¿Cuáles son sus obligaciones y responsabilidades?*

Hermanos y hermanas

"Si quieres ser perfecto, anda, vende lo que tienes y dáselo a los pobres (...); luego sígueme".

Mateo 19:21

Cuando el joven rico oyó estás palabras, "se marchó entristecido, porque tenía muchos bienes" (19:22), pero otros respondieron al llamado de Jesús y siguieron a Cristo como sacerdotes **religiosos** como hermanos o hermanas. Algunos institutos religiosos son, por ejemplo, la Orden de los Frailes Menores (Franciscanos), la Compañía de Jesús (Jesuitas) y la Congregación del Santísimo Redentor (Redentoristas). Los religiosos hacen votos de pobreza, castidad y obediencia para seguir a Cristo más fielmente.

Algunas personas usan la palabra monja para describir a todas las mujeres que están en los institutos religiosos. El título más apropiado sería **hermanas**. Una **monja** es una hermana que pertenece a una orden de clausura y vive en un **monasterio** aislada y dedicada a la contemplación.

Un **hermano** es un miembro no ordenado de una orden religiosa masculina. A los sacerdotes y hermanos de una orden religiosa se les llama "**monjes**". Algunas comunidades religiosas tienen entre sus miembros a laicos y diáconos. Todos los hombres y mujeres, religiosos o laicos, que hacen votos de pobreza, castidad (en la forma de celibato o de perpetua virginidad) y obediencia son llamados **consagrados**.

Los laicos

A los católicos bautizados que no están ordenados se les llama "**laicos**". Los laicos viven su bautismo llevando la presencia de Cristo al mundo y se esfuerzan por alcanzar la santidad en su vida cotidiana. Los laicos adultos sirven a Dios en el matrimonio o como solteros.

"Los laicos están especialmente llamados a hacer presente y operante a la Iglesia en aquellos lugares y circunstancias en que sólo puede llegar a ser sal de la tierra a través de ellos".

Constitución Dogmática sobre la Iglesia (Lumen Gentium), 33.

Ministerios parroquiales

> *"A cada cual se le otorga la manifestación del Espíritu para provecho común".*
>
> *1 Corintios 12:7*

Según san Pablo, los laicos son responsables en la Iglesia de enseñar, hacer milagros, curar, ayudar a los necesitados e incluso gobernar (1 Corintios 12:28). Estos roles están reflejados en varios títulos y cargos dentro de la parroquia como, por ejemplo:

- **Administrador parroquial**: En ausencia de un párroco de tiempo completo, esta persona se encarga de la cura pastoral de la parroquia que no tiene que ver con la celebración de los sacramentos.
- **Consejo parroquial**: Este órgano de consulta está formado por personas elegidas o nombradas, las cuales ayudan al párroco en la vida administrativa y espiritual de la parroquia.
- **Director / Coordinador de Educación Religiosa** o **Auxiliar de pastoral**: Estos hombres y mujeres se encargan de la formación religiosa de los miembros de la parroquia. Aportan materiales y programas para el crecimiento espiritual y el desarrollo de los miembros de la parroquia.
- **Lectores**: Estos ministros de liturgia se encargan de hacer las lecturas de la Escritura (excepto el Evangelio) en la Misa y en otras liturgias.
- **Acólitos**: Ayudan al sacerdote durante la Misa.
- **Ministros extraordinarios de la Eucaristía** Son laicos que han recibido una capacitación especial para ayudar a los ministros ordenados a distribuir la Eucaristía durante la Misa o para llevarla a los enfermos que no pueden salir de casa.
- **Ministros de la música**: Estos ministros de la liturgia son el organista o quienes tocan algún instrumento, al igual que los cantores o miembros del coro. El **cantor** puede guiar algunos cantos, sobre todo el Salmo responsorial.

¿Quién es quien?

Abajo se presenta una lista de los diversos cargos en una parroquia. Escribe el nombre de la persona que ocupa cada uno de esos cargos en tu parroquia:

Coordinador del RICA, director o responsable de grupo:

Director de Educación Religiosa:

Lector o Lectores:

Ministros extraordinarios de la Comunión:

Director del coro o de la música en general:

¿De qué forma sirves actualmente al pueblo de Dios y a la Iglesia en tu vida cotidiana?

¿Qué ministerios católicos o grupos parroquiales te llaman la atención?

Jornada de Fe para Adultos: Preguntas, P12 (826931)

Imprimi Potest: Stephen T. Rehrauer, CSsR, Provincial de la Provincia de Denver, Redentoristas.

Imprimatur: "Conforme al C. 827, Rev. Msgr. Mark S. Rivituso, Vicar General de St. Louis, concedió el Imprimátur para la publicación de este libro el 7 de junio del 2016. El Imprimátur es un permiso para la publicación que indica que la obra no contiene contradicciones con las enseñanzas de la Iglesia Católica, sin embargo no implica la aprobación de las opiniones que se expresan en ella. Con este permiso no se asume ninguna responsabilidad".

 Para hacer pedidos, visite *Liguori.org* o llame al 800-325-9521. Liguori Publications, corporación no lucrativa, es un apostolado de los Redentoristas. Para saber más acerca de los Redentoristas visite "Redemptorists.com".

Edición del 2016: Autor P. Dave Heney; Theresa Nienaber y Pat Fosarelli, MD, DMin; Coordinación editorial en español de Gabriel Hernández. Arte/Diseño de Lorena Mitre Jiménez; imágenes: Shutterstock.

Impreso en los Estados Unidos de América. Tercera edición.

LIBROS LIGUORI

Jornada de Fe

5. Misal 6. Ambón 7. Facistol 8. Tabernáculo
aciones del Vía crucis 13. Sacristía

Algunas iglesias, sobre todo las más antiguas, cuentan con algunas mesas sobre las que hay veladoras ordenadas en filas. Cuando la gente quiere ofrecer oraciones especiales para dar gracias o para pedir un favor, enciende las veladoras como representación física de sus oraciones. La mecha que arde en la veladora y el humo que asciende simbolizan nuestras oraciones que se elevan a los cielos.

¿Qué otros espacios hay en una iglesia?

Los sacerdotes y demás ministros se preparan para la Misa y para otras celebraciones en un lugar llamado **sacristía** (13). Ahí los sacerdotes y los diáconos se colocan los **ornamentos**, es decir, las vestiduras que los ministros de la Iglesia utilizan durante las celebraciones litúrgicas.

Entre los ornamentos están el alba y la estola. El **alba** es una larga vestidura blanca, símbolo de la pureza con que debemos acercarnos a Dios, y la visten los sacerdotes, los diáconos y los acólitos. Se cierra con una **cintura**. La **estola** es una banda que utilizan los sacerdotes y los diáconos; los diáconos se la colocan en diagonal sobre uno de los hombros, mientras los sacerdotes la usan cayendo desde los hombros por ambos lados `de su pecho. El ornamento externo del sacerdote se llama **casulla**, y el del diácono **dalmática**. Otros de los ministros posiblemente también se revestirán en la sacristía para la Misa, incluyendo al lector y a los acólitos.

Las iglesias cuentan también con confesionarios, los cuales son pequeños espacios arreglados de tal forma que las personas puedan buscar consejo de un sacerdote y celebrar así el Sacramento de la Reconciliación. El confesionario es un recordatorio precioso de la infinita misericordia divina y de su perdón amoroso.

Muchas iglesias cuentan con un gran espacio de reunión, llamado vestíbulo, que se encuentra justo delante de la entrada principal de la iglesia. Este espacio es un lugar donde los fieles se reúnen en comunidad antes y después de las celebraciones litúrgicas.

¿Qué otros edificios forman parte del complejo parroquial?

El centro parroquial es una construcción o un salón donde tienen lugar las actividades de la parroquia. La **casa parroquial** es el lugar donde viven y trabajan los padres de la parroquia. Es posible que haya también un **convento** cerca de la parroquia. Ahí viven monjas o hermanas.

¿Cuál es la diferencia entre una iglesia y una catedral?

Una catedral es la iglesia oficial del **obispo** o **arzobispo** de la diócesis. Una **diócesis** es un área geográfica conformada por muchas parroquias que se encuentran bajo la dirección y cuidado pastoral de un obispo. Los oficios y programas del obispo están centralizados en la **cancillería**.

La iglesia **catedral** del papa, el obispo de Roma, es la **Basílica** de San Juan de Letrán. San Juan de Letrán es considerada —por encima de cualquier otra— la iglesia más importante, incluso por encima de la Basílica de San Pedro en el Vaticano.

El **Vaticano** es un área de 44 hectáreas dentro de la ciudad italiana de Roma. En el Vaticano se encuentran las oficinas generales de la Iglesia y la residencia oficial del papa. La Ciudad del Vaticano es un Estado reconocido y con relaciones diplomáticas —relaciones de igual a igual entre representantes de los gobiernos— con la mayoría de los países del mundo.

No importa el aspecto externo de tu parroquia, ella es el corazón de tu comunidad de fe, el lugar sagrado más importante para ti. Si bien un parque hermoso o tu propia habitación pueden representar un lugar sagrado para ti, en la iglesia te unes al pueblo de Dios para dar gracias y alabar a tu Señor. La iglesia es el lugar de encuentro donde los creyentes se pueden reunir y pueden celebrar de la misma manera en la que tú celebrarías alguna fiesta importante o algún evento familiar y te reunirías en la casa de alguien o en algún restaurante. Jesús en persona subrayó la importancia de la comunidad de fe cuando dijo "Porque donde están dos o tres reunidos en mi nombre, allí estoy yo en medio de ellos" (Mateo 18:20).

El **Vaticano** es la sede administrativa a nivel mundial de la Iglesia Católica y es la residencia oficial del papa.

Otros lugares religiosos

En el tiempo del Antiguo Testamento, los israelitas iban en **peregrinación** —un viaje a un lugar sagrado— al Templo de Jerusalén. Ahí podían rendir culto, orar y encontrar a Dios de una manera más profunda. Actualmente, Tierra Santa es otro destino popular, tanto para los judíos como para los cristianos. Los peregrinos navegan por el Mar de Galilea y visitan los lugares en los que Jesús y los Apóstoles vivieron, enseñaron, curaron y formaron las primeras comunidades cristianas.

Los católicos también visitan **santuarios**. Un santuario puede ser un lugar donde se custodia un objeto sagrado —una estatua, una imagen o una reliquia—. También puede estar en el lugar en que vivió un santo o en el que se conservan sus restos; en el que tuvo lugar un milagro o una aparición de la Santísima Virgen María.

- *Si pudieras hacer una peregrinación a cualquier lugar del mundo, ¿a dónde irías?*

Piensa en todos los símbolos, objetos y lugares católicos que conoces hasta este momento. Escoge uno que represente tu camino de fe. Explica en tu diario por qué elegiste ese.

Jornada de Fe para Adultos: Preguntas, P11 (826931)

Imprimi Potest: Stephen T. Rehrauer, CSsR, Provincial de la Provincia de Denver, Redentoristas.

Imprimatur: "Conforme al C. 827, Rev. Msgr. Mark S. Rivituso, Vicar General de St. Louis, concedió el Imprimátur para la publicación de este libro el 7 de junio del 2016. El Imprimátur es un permiso para la publicación que indica que la obra no contiene contradicciones con las enseñanzas de la Iglesia Católica, sin embargo no implica la aprobación de las opiniones que se expresan en ella. Con este permiso no se asume ninguna responsabilidad".

Jornada de Fe © 2000, 2017 Liguori Publications, Liguori, MO 63057. Para hacer pedidos, visite *Liguori.org* o llame al 800-325-9521. Liguori Publications, corporación no lucrativa, es un apostolado de los Redentoristas. Para saber más acerca de los Redentoristas visite "Redemptorists.com".

Edición del 2016: Autor P. Dave Heney; Theresa Nienaber y Pat Fosarelli, MD, DMin; Coordinación editorial en español de Gabriel Hernández. Arte/Diseño de Lorena Mitre Jiménez; imágenes: Shutterstock.

Impreso en los Estados Unidos de América. Tercera edición.

LIBROS LIGUORI

Jornada de Fe

Misterio pascual: "referente a la pasión, muerte y resurrección de Jesucristo, por las cuales trajo la salvación a la humanidad" (*A to Z: A Basic Catholic Dictionary*).

La Pascua

Durante el tiempo de **Pascua** celebramos la resurrección de Jesucristo y su victoria sobre el pecado y la muerte. Este período es tan importante que no podemos celebrarlo en un día o en una semana. Celebramos la Pascua durante cincuenta días —una semana de semanas— desde el domingo de Pascua hasta el domingo de Pentecostés.

Color litúrgico: blanco, que significa luz, victoria y gloria.

"Somos el pueblo de la Pascua y 'Aleluya' es nuestra canción".

Atribuido a San Agustín

Como Jesús murió durante la celebración de la Pascua judía, la fecha de la Pascua cristiana se fija de acuerdo con esa fiesta. En el Concilio de Nicea (325), se decidió que la Pascua cristiana debía celebrarse el domingo después de la primera luna llena de la primavera. Esto significa que la Pascua no se tiene el mismo día todos los años, al contrario de la Navidad que siempre se tiene el 25 de diciembre.

- *¿En qué día se celebrará la próxima Pascua? ¿Qué puedes hacer para que esa fiesta tenga un mayor significado para ti?*

El Tiempo ordinario

El tiempo ordinario vuelve después del período de Pascua y termina con el último domingo antes del Adviento: la fiesta de Cristo Rey. El tiempo ordinario es un tiempo para reflexionar en el misterio de la vida de Cristo y crecer como Iglesia.

Color litúrgico: verde, que significa crecimiento y vida eterna.

Ritmo

Nuestras vidas siguen un ritmo similar al del año litúrgico. No importa si en nuestra vida personal estamos llevando bien o mal el ritmo, la Iglesia de todas formas nos guía a través de los distintos períodos de la vida, muerte y resurrección de Jesús.

En nuestros mejores días —días de descubrimientos, realizaciones, plenitud humana y autenticidad— la Iglesia nos muestra cómo celebrar esos dones con gozo.

En los momentos de dificultad, lucha, debilidad, fracaso y pérdida de seres queridos, la Iglesia nos recuerda que la luz sigue a la obscuridad; la primavera, al invierno; y la resurrección, al Viernes Santo.

En los tiempos en que somos inconstantes, en que caemos y nos volvemos a levantar; tiempos en que aprendemos a amar y a pedir perdón, la Iglesia nos recuerda que el amor de Dios es fiel y constante.

Conforme avanzamos en el año litúrgico, con sus diversas temáticas y paisajes del corazón, celebramos la espera del Adviento y las fiestas de Navidad, las penas del Viernes Santo y los gozos de la Pascua por la nueva vida y comunidad. El año litúrgico nos ayuda a ver la relación entre nuestra propia historia y la historia de Dios, y nos permite encontrar un mayor sentido a cada aspecto de nuestra existencia.

JORNADA DE FE **PREGUNTAS**

La importancia del domingo

"El día del Señor, el día de la Resurrección, el día de los cristianos, es nuestro día. Por eso es llamado día del Señor: porque es en este día cuando el Señor subió victorioso junto al Padre. Si los paganos lo llaman día del sol, también lo hacemos con gusto; porque hoy ha amanecido la luz del mundo, hoy ha aparecido el sol de justicia cuyos rayos traen la salvación".

San Jerónimo, In die Dominica Paschae homilia, CCL 78, 550

El domingo, el "Día del Señor", es un elemento esencial de nuestra vida litúrgica. La observancia del domingo comienza al final del sábado y todos los católicos tienen obligación de participar en la Misa cada fin de semana. Ahí "El 'banquete del Señor' es su centro, porque es aquí donde toda la comunidad de los fieles encuentra al Señor resucitado que los invita a su banquete" *(CIC 1166).*

La Iglesia también nos anima a ver el domingo como un día para el descanso, la recreación y la convivencia familiar y como una forma de observar el tercer mandamiento: "Recuerda el día del sábado para santificarlo. Seis días trabajarás y harás todos tus trabajos, pero el día séptimo es día de descanso en honor de El Señor, tu Dios" (Éxodo 20:8–10).

- *¿Cómo pasas los domingos?*
- *¿Qué puedes hacer para que sean siempre "santos"?"*

Los días de precepto

El año litúrgico está lleno de días de fiesta que celebran a Jesús, María y a los santos. En Estados Unidos, seis de estas son **días de precepto** obligatorio, es decir, como los domingos, los católicos santifican estos días asistiendo a Misa y absteniéndose del trabajo innecesario.

- María, Madre de Dios: 1 de enero
- La **Ascensión** del Señor: cuarenta días después de Pascua o el domingo siguiente
- La **Asunción de María**: 15 de agosto
- Todos los santos: 1 de noviembre
- La **Inmaculada Concepción** de María: 8 de diciembre
- La **Natividad** del Señor (Navidad): 25 de diciembre

Reflexiona en uno de tus días, semanas o años ordinarios. ¿Qué rutinas o tradiciones tienes?:

- ¿Cuáles son los momentos en que te sientes con mucha energía o con sentimientos positivos?
- ¿Momentos dedicados al estudio o a la preparación?
- ¿Tiempos de calma, tranquilidad y relajación?
- ¿Tiempos que pasas con la comunidad?

Ora al Señor e invítalo a ser parte de todos los "tiempos" de tu vida.

Jornada de Fe para Adultos: Preguntas, P10 (826931)

Imprimi Potest: Stephen T. Rehrauer, CSsR, Provincial de la Provincia de Denver, Redentoristas.

Imprimatur: "Conforme al C. 827, Rev. Msgr. Mark S. Rivituso, Vicar General de St. Louis, concedió el Imprimátur para la publicación de este libro el 7 de junio del 2016. El Imprimátur es un permiso para la publicación que indica que la obra no contiene contradicciones con las enseñanzas de la Iglesia Católica, sin embargo no implica la aprobación de las opiniones que se expresan en ella. Con este permiso no se asume ninguna responsabilidad".

Jornada de Fe © 2000, 2017 Liguori Publications, Liguori, MO 63057. Para hacer pedidos, visite *Liguori.org* o llame al 800-325-9521. Liguori Publications, corporación no lucrativa, es un apostolado de los Redentoristas. Para saber más acerca de los Redentoristas visite "Redemptorists.com".

Edición del 2016: Autor P. Dave Heney; Theresa Nienaber y Pat Fosarelli, MD, DMin; Coordinación editorial en español de Gabriel Hernández. Arte/Diseño de Lorena Mitre Jiménez; imágenes: Shutterstock.

Impreso en los Estados Unidos de América. Tercera edición.

LIBROS LIGUORI

Jornada de Fe

Escribe tu propia petición

Escribe en los espacios en blanco lo que quieras pedirle a Dios:

Por [persona, grupo, situación] ______________________,

para que [petición] ______________________________,

roguemos al Señor.

La Liturgia de la Eucaristía

Celebramos las maravillosas obras de Dios cada vez que celebramos la **Liturgia de la Eucaristía**, la segunda parte de la Misa.

Preparación de las ofrendas

En el **Ofertorio** o *Presentación de los dones*, expresamos nuestra participación haciendo un ofrecimiento, llevando al altar el pan y el vino para la Eucaristía, y nuestras contribuciones económicas para las necesidades de la Iglesia y de los pobres.

El pan y el vino se convierten para nosotros en el Cuerpo y la Sangre de Cristo. Dios, que nunca se deja ganar en generosidad, nos devuelve mucho más de lo que hubiéramos podido darle alguna vez.

- *¿Qué puedes ofrecerle a Dios esta semana? ¿Cómo puede tu vida convertirse en una ofrenda viva? (Marcos 12:33; Efesios 5:1-2)*

La Plegaria eucarística

Esta oración es el centro y el culmen de la Misa. Es pronunciada por el sacerdote, pero es una oración de toda la comunidad.

1. *Aclamación de alabanza.* Todos los fieles en el cielo y en la tierra se unen en un canto de alabanza. Las palabras del Sanctus (Santo, Santo) están tomadas de Isaías 6:3 "Santo, santo, santo, El Señor Sebaot: llena está toda la tierra de su gloria" y de Mateo 21:9: "¡Bendito el que viene en nombre del Señor! ¡Hosanna en las alturas".
2. *Epíclesis.* El sacerdote pide a Dios que mande al Espíritu Santo para hacer una doble conversión: convertir el pan y el vino en el Cuerpo y la Sangre de Cristo, y hacernos a nosotros más conformes con la imagen de Cristo.
3. *Narración de la institución de la Eucaristía y consagración.* El sacerdote narra lo que sucedió en la Última Cena: cómo Jesús tomó el pan, lo bendijo, dio gracias y dijo, "Coman todos de él; es mi Cuerpo". Después tomó el cáliz, dio gracias y se lo dio diciendo, "Beban de él todos, porque esta es mi sangre de la Alianza, que es derramada por muchos para perdón de los pecados" (Mateo 26:27–28).

   En este momento de la **Consagración**, "la fuerza de las palabras y de la acción de Cristo y el poder del Espíritu Santo hacen sacramentalmente presentes bajo las especies de pan y de vino su Cuerpo y su Sangre [de Cristo], su sacrificio ofrecido en la cruz de una vez para siempre" (*CIC* 1353). Llamamos a esto la **presencia real** de Cristo en la Eucaristía.
4. *Aclamación.* El pueblo proclama "el misterio de la fe", es decir, que Cristo murió por nuestros pecados, resucitó de la muerte y volverá en su gloria.

5. *Anámnesis.* La obra salvadora de Dios, realizada en Cristo, es recordada, no como un evento del pasado, sino como hechos que siguen ejerciendo su efecto en nuestros días en medio de nosotros. Este acto de traer el pasado al presente es a lo que Jesús se refería cuando dijo, "Hagan esto en memoria mía".

6. *Ofrecimiento.* El ofrecimiento de Jesús se acompaña con oraciones de intercesión por toda la Iglesia, tanto por los vivos como por los muertos. El sacerdote levanta el pan y el vino, un gesto que sugiere el acto de ofrecer. Ya no es solo Jesús quien se ofrece al Padre; ahora es Jesús con la Iglesia.

7. *Gran amén.* Un entusiasta "Amén" pone el sello de la aprobación de la comunidad en todo lo que se ha dicho y hecho durante la Plegaria eucarística.

Rito de la Comunión

1. *La oración del Señor.* Esta oración nos recuerda que Dios es nuestro Padre y que dependemos de él para todo.

2. *Saludo de paz.* Intercambiamos un signo de unidad y comunión entre nosotros y con Dios.

3. *Comunión.* Después del "Cordero de Dios" en el que pedimos a Dios su misericordia, recibimos el Cuerpo y la Sangre del Señor en la Santa Comunión. Aunque somos muchos, nos volvemos un cuerpo en Cristo. Cada uno de nosotros recibe la gracia para compartir la vida y la obra de Cristo, para llevarlo a todos aquellos con los que nos encontramos.

Ritos conclusivos

Después de una bendición, el sacerdote o el diácono invitan a quienes participaron en la Misa a que vivan en medio de su ambiente las exigencias del Evangelio, llevando a Cristo al mundo y también descubriendo su presencia en medio de este.

- *¿Cuál es tu fin en la vida? ¿Cuál podría ser tu misión como discípulo de Cristo?*

Compara la Misa con una mesa familiar, el lugar donde una familia se nutre y acoge a cada miembro.

- *¿Qué cosas, incluyendo la comida, se llevan a la mesa?*
- *¿Cómo contribuye cada persona y participa?*

Jornada de Fe para Adultos: Preguntas, P9 (826931)

Imprimi Potest: Stephen T. Rehrauer, CSsR, Provincial de la Provincia de Denver, Redentoristas.

Imprimatur: "Conforme al C. 827, Rev. Msgr. Mark S. Rivituso, Vicar General de St. Louis, concedió el Imprimátur para la publicación de este libro el 7 de junio del 2016. El Imprimátur es un permiso para la publicación que indica que la obra no contiene contradicciones con las enseñanzas de la Iglesia Católica, sin embargo no implica la aprobación de las opiniones que se expresan en ella. Con este permiso no se asume ninguna responsabilidad".

Jornada de Fe © 2000, 2017 Liguori Publications, Liguori, MO 63057. Para hacer pedidos, visite *Liguori.org* o llame al 800-325-9521. Liguori Publications, corporación no lucrativa, es un apostolado de los Redentoristas. Para saber más acerca de los Redentoristas visite "Redemptorists.com".

Edición del 2016: Autor P. Dave Heney; Theresa Nienaber y Pat Fosarelli, MD, DMin; Coordinación editorial en español de Gabriel Hernández. Arte/Diseño de Lorena Mitre Jiménez; imágenes: Shutterstock.

Impreso en los Estados Unidos de América. Tercera edición.

LIBROS LIGUORI

Jornada de Fe

Corona: "cuentas agrupadas en una cuerda que sirven para contar las oraciones mientras se recitan", como por ejemplo el Rosario; también la serie de oraciones recitadas con ayuda de esas cuentas. *(Modern Catholic Dictionary [Diccionario católico moderno]).*

El Rosario

El **Rosario** es una meditación sobre la vida de Jesús y María. Hay cuatro tipos de misterios, cada uno de los cuales se sugiere meditar en determinados días.

1. Haz el signo de la cruz; reza el Credo de los Apóstoles.
2. Reza un Padrenuestro en la cuenta más grande.
3. Reza tres avemarías en las cuentas más pequeñas.
4. Reza el Gloria (Doxología) en el espacio posterior a las tres avemarías.
5. Anuncia el primer misterio; reza el Padrenuestro.
6. Reza diez avemarías mientras meditas en el misterio.
7. Reza el Gloria.
8. Repite los pasos 5-7 con los misterios restantes.
9. Al final reza la Salve.

Otras oraciones y devociones católicas

La **Liturgia de las Horas** (u **Oficio Divino**) es un ciclo de oraciones, himnos, lecturas para diversas "horas" del día (hasta siete "horas"). Las horas se refieren a la forma en que las oraciones marcan los diversos momentos del día y no a la duración de dichas oraciones. Esta devoción es una parte de la oración diaria y pública de la Iglesia; la otra parte es la Misa.

La **Novena**, de la palabra Latina que significa "nueve", es una devoción que se tiene por nueve días (semanas o meses). El número se basa en los nueve días de oración que los Apóstoles pasaron entre la ascensión de Jesús y la venida del Espíritu Santo en Pentecostés.

El **Ángelus** es una oración que recuerda los distintos eventos previos al nacimiento del Señor y, por lo mismo, a nuestra redención. Se reza a las 6:00 de la mañana, al mediodía y a las 6:00 de la tarde.

La **bendición con el Santísimo Sacramento** es una ceremonia de oración en la que se expone al Santísimo Sacramento en una **custodia**.

La **genuflexión**: doblar la rodilla como signo de reverencia ante la presencia de Cristo en la Eucaristía.

Letanías: literalmente es una "lista" de santos. Después de que se nombra a cada santo, cantamos o decimos "ruega por nosotros".

Iconos: "Mirando con fe un icono de Cristo, María, los santos o los ángeles, podemos tener un cierto sentido de su presencia. Los iconos (...) nos conducen a una relación con lo que ellos representan", escribe el H. Daniel Korn, CSsR, en *Embracing the Icon of Love.*

JORNADA DE FE **PREGUNTAS**

Sacramentales

Los **sacramentales** son signos visibles que nos acercan a Dios y hacen santos todos los aspectos de la vida. Son una parte fundamental de la oración católica y se pueden dividir en tres categorías:

1. Acciones sagradas: hacer el signo de la cruz, genuflexión.
2. Bendiciones: oraciones y rituales, rociar o hacer la señal de la cruz con agua bendita, imposición de manos, incensar.
3. Objetos que nos ayudan en el culto y la devoción: velas, cenizas y palmas bendecidas, Biblias, crucifijos, medallas, estatuas, arte religioso.

La existencia y difusión de los sacramentales dan prueba de la diversidad de formas de oración que hay en la Iglesia y cómo esa oración puede involucrar todos nuestros sentidos e ir más allá de las palabras.

Reza en grupo una decena del Rosario, una parte de la Liturgia de las Horas o el Ángelus. Después recoge en tu diario tus reacciones:

¿De qué forma te habló Dios durante esa oración?

¿Te gustaría volver a hacer esa oración o preferirías probar una distinta?

Jornada de Fe para Adultos: Preguntas, P8 (826931)

Imprimi Potest: Stephen T. Rehrauer, CSsR, Provincial de la Provincia de Denver, Redentoristas.

Imprimatur: "Conforme al C. 827, Rev. Msgr. Mark S. Rivituso, Vicar General de St. Louis, concedió el Imprimátur para la publicación de este libro el 7 de junio del 2016. El Imprimátur es un permiso para la publicación que indica que la obra no contiene contradicciones con las enseñanzas de la Iglesia Católica, sin embargo no implica la aprobación de las opiniones que se expresan en ella. Con este permiso no se asume ninguna responsabilidad".

Edición del 2016: Autor P. Dave Heney; Theresa Nienaber y Pat Fosarelli, MD, DMin; Coordinación editorial en español de Gabriel Hernández. Arte/Diseño de Lorena Mitre Jiménez; imágenes: Shutterstock.

Impreso en los Estados Unidos de América. Tercera edición.

LIBROS LIGUORI

Jornada de Fe

Una antigua práctica católica se llama **lectio divina**, o lectura divina. Lee el pasaje de la Escritura con calma y saborea cada una de sus partes. A menudo una palabra o una frase te van a llamar la atención o la escena va adquirir nueva vida o significado.

Los escritos de los santos también pueden conducir a nuestros corazones a una oración más profunda y acercarnos más a Dios. Mientras leemos los escritos de gente santa, sentimos la cercanía de Dios. Esa experiencia puede transformarnos.

Escribe tu oración
Llevar un diario es otra forma de expresar nuestros pensamientos y sentimientos hacia Dios. Cuando pasamos por momentos de sequedad espiritual, puede ser útil volver a leer algo que escribimos en un momento en que nos encontrábamos en consolación espiritual. Eso nos recuerda que Dios siempre es fiel, que nos escucha y está presente. Jesús parece decirnos, ¿recuerdas cuando…?

Haz oración cantando
Se le atribuye a san Agustín el dicho, "el que canta, ora dos veces". Utiliza aquellas canciones que conozcas bien o que te gusten más, o compón tu propia melodía y letra. A Dios no le preocupa ni el tono ni el timbre de voz. Si estás cantando desde el corazón, ¡estás haciendo oración! Tocar un instrumento también puede ser una forma de oración.

Haz oración con el cuerpo
Los católicos se arrodillan, juntan las manos, hacen inclinaciones, etc. Si no sabes qué decir, transmite el mensaje con un gesto: levanta las manos, inclina tu cabeza, alza el rostro, ¡o baila! Todo el tiempo nos comunicamos con los demás a través del tacto y del lenguaje corporal. Algunas veces las palabras no son necesarias.

Ora en silencio
En nuestras vidas tan llenas de ruido y distracciones, podemos olvidar el valor de estar simplemente en presencia de Dios. Es necesario buscarlo conscientemente. Al inicio, esta oración puede durar sólo unos cuantos segundos, pero con la práctica, el tiempo será cada vez más largo. Puedes encontrar tiempo para ello a lo largo del día. Al final, te darás cuenta de que puedes "orar constantemente" (1 Tesalonicenses 5:17).

Ora cuando estés "demasiado ocupado" para orar
Cuando se tiene una vida muy ajetreada, hay que orar en medio de la misma. Di una oración mientras te vistes por la mañana, mientras piensas en tus hijos durante el día o cuando pasas junto a un accidente automovilístico de camino a casa. Si bien es bueno contar con un tiempo fijo para orar, también es bueno unirse a Dios a lo largo del día.

Hacer ofrecimientos
Cuando estés ante un reto, dilema o dificultad, soportar con paciencia un sufrimiento o aceptar un pequeño sacrificio puede convertirse en una oración de ofrecimiento para crecer en la esperanza y en la fe en Cristo que redime al mundo. Nuestro sufrimiento y sacrificio nos unen a Cristo mientras recordamos sus sufrimientos y muerte por nuestra salvación.

Hacer oración de agradecimiento
El hermano David Steindl-Rast, OSB, hace de la oración de agradecimiento el núcleo de su oración y vida. Todas las noches, agradece a Dios al menos por una cosa por la que nunca le ha dado gracias. La palabra Eucaristía significa "acción de gracias" o "agradecimiento" en griego; la Misa es el momento en que damos gracias a Dios en comunidad. Cultiva una actitud de gratitud en tu vida.

Orar con las noticias
Orar por otros es tan importante como orar por nosotros mismos. Escoge a una persona o noticia y da gracias por lo bueno y pide por aquellos que están en necesidad. Además de contrarrestar los mensajes negativos o falsos, esta oración nos pone en contacto con el mundo y nos impulsa a la acción.

Rezar la "oración de Jesús":
Señor Jesús, hijo de Dios, ten piedad de mí que soy un pecador.

Últimos consejos

- *Evita posibles distracciones.* Si necesitas otro lugar, postura, tipo de luz, temperatura o nivel de ruido para poder concentrarte en Dios —y eso te ayuda a hacerlo más fácilmente—, hazlo.
- *Sé paciente, pero trabaja con constancia.* Si tu mente vaga, vuelve a centrar tu atención en Dios, en las palabras de tu oración, en el pasaje de la Escritura o en el tema en que estés meditando. Hazlo con naturalidad. Si pierdes el hábito, simplemente vuelve a empezar. Cuando estés orando, detente un momento. ¿Se te ocurre alguna idea nueva? ¿Hay algo que querría decirte Jesús?
- *Mantén tu oración simple.* No trates de decir, hacer o pensar mucho. Siempre que se te ocurra orar, hazlo.
- *No te fuerces.* No pases por los diversos puntos como si fuera una tarea meramente práctica. Si una oración ya no está funcionando, intenta algo nuevo. Solo sigue orando.
- *No des tú las respuestas que debe dar Dios.* La oración no es un formato de petición para recibir una vida perfecta. Al responder al llamado de Dios, cultiva en ti la disponibilidad para seguir sus caminos.

Práctica uno de los tipos de oración que aparecen en esta lección y después escribe en tu diario cuál fue tu experiencia.

Jornada de Fe para Adultos: Preguntas, P7 (826931)

Imprimi Potest: Stephen T. Rehrauer, CSsR, Provincial de la Provincia de Denver, Redentoristas.

Imprimatur: "Conforme al C. 827, Rev. Msgr. Mark S. Rivituso, Vicar General de St. Louis, concedió el Imprimátur para la publicación de este libro el 7 de junio del 2016. El Imprimátur es un permiso para la publicación que indica que la obra no contiene contradicciones con las enseñanzas de la Iglesia Católica, sin embargo no implica la aprobación de las opiniones que se expresan en ella. Con este permiso no se asume ninguna responsabilidad".

Jornada de Fe © 2000, 2017 Liguori Publications, Liguori, MO 63057. Para hacer pedidos, visite *Liguori.org* o llame al 800-325-9521. Liguori Publications, corporación no lucrativa, es un apostolado de los Redentoristas. Para saber más acerca de los Redentoristas visite "Redemptorists.com".

Edición del 2016: Autor P. Dave Heney; Theresa Nienaber y Pat Fosarelli, MD, DMin; Coordinación editorial en español de Gabriel Hernández. Arte/Diseño de Lorena Mitre Jiménez; imágenes: Shutterstock.

Impreso en los Estados Unidos de América. Tercera edición.

LIBROS LIGUORI

Jornada de Fe

El Espíritu también guio y asistió a los apóstoles para que eligieran sucesores y les transmitieran "lo que estos recibieron de las enseñanzas y del ejemplo de Jesús y lo que aprendieron por el Espíritu Santo (*CIC* 83). Por tanto, comenzando con Jesús, la línea de una transmisión auténtica—llena del Espíritu de Dios—de la Revelación Divina se prolonga a través de los sucesores de los apóstoles: los papas y los obispos. La enseñanza actual de la Iglesia, enraizada en la **Tradición Apostólica** y que no se encuentra recogida en la Escritura se llama **Sagrada Tradición** (nótense las mayúsculas).

> *"Vayan, pues, y hagan discípulos a todas las gentes bautizándolas en el nombre del Padre y del Hijo y del Espíritu Santo, y enseñándoles a guardar todo lo que yo les he mandado. Y he aquí que yo estoy con ustedes todos los días hasta el fin del mundo".*
>
> *Mateo 28:19–20*

> *"Pero el Paráclito, el Espíritu Santo, que el Padre enviará en mi nombre, se lo enseñará todo y les recordará todo lo que yo les he dicho".*
>
> *Juan 14:26*

Escritura y Tradición

Dios es el autor de la Sagrada Escritura. De ahí que la Sagrada Escritura sea el fundamento, el alimento y la brújula de la Iglesia. La Escritura y la Tradición (que es la transmisión viva del mensaje inspirado por el Espíritu Santo y predicado por los Apóstoles) forman juntas el depósito de la fe, es decir, la fuente original de donde brota lo que creemos como católicos. Dios quiso confiar el oficio de interpretar este depósito de la fe al Papa y a los obispos en comunión con él. Por ello, cuando surjan interrogantes respecto de lo que debemos creer o de cómo debemos comportarnos, ese **Magisterio** nos ayudará a entender mejor cómo aplica esa Revelación en la situación concreta. Es así como la Iglesia nos orienta enseñándonos la verdad que hemos de creer, la caridad que hemos de practicar y la felicidad que hemos de esperar (*CIC* 78, 84, 85, 105,892, 2034).

> *"Y yo a mi vez te digo que tú eres Pedro, y sobre esta piedra edificaré mi Iglesia, y las puertas del abismo no podrán vencerla. A ti te daré las llaves del Reino de los Cielos; y lo que ates en la tierra quedará atado en los cielos, y lo que desates en la tierra quedará desatado en los cielos".*
>
> *Mateo 16:18–20*

¿Tradición apostólica o eclesial?

A través de la Escritura y de la Sagrada Tradición, Dios nos ha revelado lo que necesitamos saber para nuestra salvación. La Tradición (con mayúscula) encierra las verdades que son el núcleo fundamental del Cristianismo. Sin embargo, existen muchas tradiciones (con minúscula) que no son necesarias para nuestra salvación y que, por lo mismo, no son parte de la Tradición con mayúscula. Se trata de tradiciones teológicas, disciplinares, litúrgicas o devocionales nacidas en el transcurso del tiempo en las Iglesias locales. Estas constituyen formas particulares en las que la gran Tradición se ha ido expresando en concordancia con los diversos lugares y épocas. Por ejemplo, la resurrección de Jesús es una verdad fundamental de nuestra Tradición. El Rosario es una oración que nos permite meditar en las verdades fundamentales de la fe, pero en sí misma no es parte de la Sagrada Tradición. Es importante distinguir entre verdades fundamentales y verdades que no lo son, en lo que es necesario para nuestra salvación y lo que es solo una práctica muy estimada por la comunidad eclesial (*Scripture and Tradition: Revealing God's Plan*, [Escritura y Tradición: el plan de Dios que se revela] Margaret Nutting Ralph, PhD).

La vida tiene muchas distracciones y obstáculos. El camino de una persona para llegar a Dios rara vez es recto y sencillo. Sin embargo, tú estás aquí. Dios está presente en tu vida y te ha traído hasta este momento.

- *¿Cuáles son las dificultades más grandes que has encontrado en tu vida y en tu fe?*
- *¿Qué te hizo buscar a Dios y a la verdad?*

Podemos perdernos muchas cosas muy bellas si no estamos atentos a la verdad y a los signos que constantemente nos rodean. Pide al Espíritu Santo que te muestre la mano de Dios en toda circunstancia.

- *¿Quién o qué cosa te ha revelado el amor, la misericordia y la presencia de Dios?*
- *¿De qué forma se ha servido Dios de ti para revelarse a los demás?*

Meditación guiada

1. Encuentra un lugar tranquilo y sin distracciones.
2. Relaja tu cuerpo y tranquiliza tu mente. Cierra tus ojos.
3. Reflexiona en tu jornada de fe. Piensa en los hechos que te han traído hasta este punto de tu relación con Dios y con su Iglesia. Piensa en las personas que te han demostrado su amor y perdón.
4. Pídele al Señor que te revele su plan de salvación para tu vida. Si bien no va a suceder todo al mismo tiempo, procura estar abierto o abierta a recibir la fe, la esperanza o la fortaleza para seguir adelante.
5. Reflexiona en cómo tu deseo de conocer más a Dios se puede realizar hoy.
6. Cuando termines, abre los ojos.

***Jornada de Fe para Adultos: Preguntas, P6* (826931)**

Imprimi Potest: Stephen T. Rehrauer, CSsR, Provincial de la Provincia de Denver, Redentoristas.

Imprimatur: "Conforme al C. 827, Rev. Msgr. Mark S. Rivituso, Vicar General de St. Louis, concedió el Imprimátur para la publicación de este libro el 7 de junio del 2016. El Imprimátur es un permiso para la publicación que indica que la obra no contiene contradicciones con las enseñanzas de la Iglesia Católica, sin embargo no implica la aprobación de las opiniones que se expresan en ella. Con este permiso no se asume ninguna responsabilidad".

Jornada de Fe © 2000, 2017 Liguori Publications, Liguori, MO 63057. Para hacer pedidos, visite *Liguori.org* o llame al 800-325-9521. Liguori Publications, corporación no lucrativa, es un apostolado de los Redentoristas. Para saber más acerca de los Redentoristas visite "Redemptorists.com".

Edición del 2016: Autor P. Dave Heney; Theresa Nienaber y Pat Fosarelli, MD, DMin; Coordinación editorial en español de Gabriel Hernández. Arte/Diseño de Lorena Mitre Jiménez; imágenes: Shutterstock.

Impreso en los Estados Unidos de América. Tercera edición.

LIBROS LIGUORI

Jornada de Fe

Dos Testamentos, dos Alianzas

La palabra **testamento** significa "acuerdo" o "alianza". El concepto de **alianza** es central en la Biblia. La antigua Alianza se estableció entre Dios y nuestros ancestros judíos, comenzando con Abraham. La nueva Alianza fue establecida por y en Jesucristo. La nueva Alianza realiza y es continuación de la antigua. La ley y la salvación de Dios ahora alcanzan a todos los gentiles, es decir, a los no judíos.

Ya has practicado en lecciones anteriores cómo buscar versículos de la Biblia. El índice de tu Biblia te ayudará a saber a cuál de los dos Testamentos pertenece cada libro y, muy probablemente, también te dirá el número de página. El Antiguo Testamento aparece primero porque lo que en él se narra sucedió antes. Es tres veces más largo que el Nuevo Testamento porque abarca más libros y más tiempo. Aunque el Nuevo Testamento abarca menos de cien años, es por mucho más importante para los cristianos que el Antiguo Testamento.

Encuentra los pasajes que aparecen abajo. Primero encuentra el libro, después el capítulo y, por último, el o los versículos. ¿Cuáles son algunas características y promesas de cada una de las Alianzas?

Éxodo 19:3–8 — Jeremías 31:31–34

Lucas 22:19–20 — Hebreos 8:7–12

¿Cómo se formó la Biblia?

A mediados del siglo I d.C., los cristianos habían adoptado los 46 libros del Antiguo Testamento en su traducción griega (en el siglo XVI, los protestantes adoptaron sólo los 39 libros de la traducción hebrea). En el año 393, los obispos hicieron la lista de los libros del Nuevo Testamento. Esta lista incluía 27 libros que son ampliamente usados y aceptados como inspirados en los primeros siglos del Cristianismo. Para que el contenido de un libro sea considerado inspirado tiene que ser coherente con el mensaje de Jesús tal como fue transmitido por los testigos oculares.

Ante versiones alternativas provenientes de la Reforma Protestante, el Concilio de Trento (1545-63) fijó la lista de lo que sería el **canon** (una colección de libros auténtica y reconocida) de la **Sagrada Escritura** (en latín, "escritos"). Esta declaración oficial aseguraba a los fieles que las escrituras católicas eran realmente sagradas.

- *El canon de la Escritura es uno de los principales legados de la Iglesia. ¿Qué objetos o tradiciones son parte del legado de tu familia?*

¿De qué forma los católicos leen e interpretan la Escritura?

Dado que la Biblia habla de la relación de Dios con nosotros, debemos leerla en un ambiente de oración y tener presente el contexto en que cada libro fue escrito. Debemos preguntarnos:

- ¿Cuál es el sentido de este pasaje?
- ¿Con qué estilo o qué género se utilizó para escribirlo?
- ¿Qué influencias culturales o históricas están presentes en él?
- ¿Cuál era la intención del autor, dado que fue inspirado o inspirada por el Espíritu Santo?

¿No deberíamos tomar la Biblia en sentido literal?

Algunos pasajes de la Biblia se deben tomar en sentido literal. Cuando leemos que Jesús es el Mesías, esas palabras debemos tomarlas al pie de la letra. Cuando Jesús dice que comamos su cuerpo y bebamos su sangre, no está hablando en sentido metafórico (Juan 6:53–57). Cuando leemos sobre la muerte, resurrección y ascensión de Jesús, nos damos cuenta que se está hablando de hechos que de verdad sucedieron.

Esto no significa que todos los pasajes contengan hechos reales, sino solo que todos los pasajes de la Biblia transmiten algo real e importante —una verdad— sobre Dios o sobre la Iglesia. La Constitución Dogmática sobre la Divina Revelación (Dei Verbum), un documento del Concilio Vaticano II (1962–65), afirma que "los libros de la Escritura enseñan firmemente, con fidelidad y sin error, la verdad que Dios quiso consignar en las sagradas letras para nuestra salvación (11). En otras palabras, la Biblia es **infalible**, lo que dicen dichos libros es verdad, sobre todo cuando se trata de la salvación, la fe y la moral. La Biblia no debe leerse como si fuera un libro de ciencia o historia. Es un libro religioso con un mensaje religioso.

La enseñanza católica evoluciona y se depura para afrontar las nuevas circunstancias y nos guía en nuestras interpretaciones y reflexiones sobre los textos bíblicos. Esto permite aceptar teorías científicas y conclusiones históricas sin temor a contradecir la Palabra de Dios. Cuando leemos la Biblia o escuchamos las lecturas de la Misa, podemos recibir el mensaje como la voluntad de Dios para nuestras vidas y como las palabras de alguien que nos ama personalmente.

Escoge y lee un pasaje de la Biblia, podría ser el Evangelio del próximo domingo.

- *¿Qué mensaje de consuelo, esperanza o superación encuentras en él?*

Jornada de Fe para Adultos: Preguntas, P5 (826931)

Imprimi Potest: Stephen T. Rehrauer, CSsR,
Provincial de la Provincia de Denver, Redentoristas.

Imprimatur: "Conforme al C. 827, Rev. Msgr. Mark S. Rivituso, Vicar General de St. Louis, concedió el Imprimátur para la publicación de este libro el 7 de junio del 2016. El Imprimátur es un permiso para la publicación que indica que la obra no contiene contradicciones con las enseñanzas de la Iglesia Católica, sin embargo no implica la aprobación de las opiniones que se expresan en ella. Con este permiso no se asume ninguna responsabilidad".

Jornada de Fe © 2000, 2017 Liguori Publications, Liguori, MO 63057. Para hacer pedidos, visite *Liguori.org* o llame al 800-325-9521. Liguori Publications, corporación no lucrativa, es un apostolado de los Redentoristas. Para saber más acerca de los Redentoristas visite "Redemptorists.com".

Edición del 2016: Autor P. Dave Heney; Theresa Nienaber y Pat Fosarelli, MD, DMin; Coordinación editorial en español de Gabriel Hernández. Arte/Diseño de Lorena Mitre Jiménez; imágenes: Shutterstock.

Impreso en los Estados Unidos de América. Tercera edición.

LIBROS LIGUORI

Jornada de Fe

Jesús es la verdad

> *"Yo para esto he nacido y para esto he venido al mundo: para dar testimonio de la verdad".*
>
> *Juan 18:37*

Jesús dice: "Yo soy la verdad" y no "Yo hablo la verdad" o "Yo revelo la verdad", sino "Yo soy la verdad". Como hijo de María e hijo de Dios, las naturalezas humana y divina de Jesús no pueden estar separadas. A diferencia de los líderes religiosos y de los santos a lo largo de la historia, Él nunca está "fuera de servicio" o está sujeto al pecado o a los efectos. Cada palabra, cada acto, cada gesto, cada emoción está llena de significado. Jesús nos invita a tener una relación personal con Él, y en él y a través de Él, tener también una relación con el Padre.

> *"Enamorarse de Dios es el más grande de los romances; buscarlo la aventura más grande; encontrarlo, el mayor logro humano".*
>
> *San Agustín*

Jesús vino a hablarnos de Dios en términos humanos, a hacer presente en nuestras vidas al Padre.

¿Cómo describe su relación con el Padre en el Evangelio de Juan?

Juan 1:18   Juan 5:37–38

Juan 6:46   Juan 8:38

- ¿Qué significaría para ti tener una relación personal con Jesús? ¿Te parece algo atractivo o incómodo? ¿Por qué?

Jesús es la vida

El tesoro más grande que tenemos es la vida misma. Nuestra vida en la tierra es frágil, limitada y temporal, pero Cristo nos ofrece una vida plena y eterna. Para muchos, es necesaria una experiencia fuerte de los límites del ser humano o de la muerte para comenzar a buscar la vida que Cristo nos ofrece y la verdadera salvación.

Jesús claramente nos dice que llegamos a la vida eterna a través de Él:

Mateo 16:25   Marcos 8:35

Juan 1:3–4   Juan 5:21, 24

Juan 6:53   Juan 10:10

Juan 17:1–2

Esta vida implica ser llenados plenamente con el Espíritu Santo, "el Señor, el dador de vida" (Credo de Nicea). Jesús prometió enviar el Espíritu. Cuando vino sobre los apóstoles en Pentecostés, cincuenta días después de la resurrección de Jesús, recibieron una nueva vida, la vida del Cristo resucitado.

> *"Y ya no vivo yo, sino que Cristo vive en mí".*
>
> *Gálatas 2:20*

Jesús sigue prometiendo su vida y su Espíritu a quienquiera que desee estar unido a Él. Tener una relación personal con Cristo, lo cual implica la oración y los sacramentos, es la forma en que los discípulos acogen a la Trinidad y se preparan para la vida después de la muerte.

Los milagros de Jesús

Milagro: Hecho que no puede ser explicado con leyes naturales o científicas y que por lo mismo se cree que fue realizado por un agente divino.

En los Evangelios, Jesús cura al enfermo y al que está herido, le da órdenes a la naturaleza, multiplica la comida e incluso resucita de la muerte. No hizo los milagros para demostrar su poder, ganar autoridad o impresionar a alguien. Realizó la mayoría de los milagros lejos de las multitudes y en presencia de sólo unos pocos. Con frecuencia pidió a quienes los presenciaron que no dijera a nadie lo que habían visto. Sus milagros parecen tener más bien dos fines:

1. Ser signos de su divinidad y misión, hacer ver que el Reino de Dios ha llegado y que el amor de Dios está presente y actuando (ver Juan 10:24–39 y 14:11).

2. Confirmar y fortalecer a quienes ya tienen fe (ver Mateo 15:21–28 y Lucas 8:40–56).

De los pasajes del Evangelio que se presentan a continuación, analiza para qué sirve cada milagro, si como signo de la divinidad y misión de Jesús o si es para confirmar la fe, o ambos:

- Las bodas de Caná (el agua convertida en vino) (Juan 2:1–11)
- Curación de un leproso (Mateo 8:1–4)
- La curación del siervo del centurión (Lucas 7:1–10)
- Curación de la hija de Jairo y de la hemorroísa (Mateo 9:18–26; Marcos 5:21–43; Lucas 8:40–56)
- Multiplicación de los panes y los peces / alimentar a 5,000 (Mateo 14:13–21)
- Caminar sobre el agua (Marcos 6:45–52)

Escríbele una carta a Jesús.

Háblale como si fuera un amigo o como si fuera tu esposo o esposa.

- *¿Qué te gustaría contarle a Jesús esta semana?*
- *¿De qué dificultades o alegrías le hablarías?*

Jornada de Fe para Adultos: Preguntas, P4 (826931)
Imprimi Potest: Stephen T. Rehrauer, CSsR,
Provincial de la Provincia de Denver, Redentoristas.

Imprimatur: "Conforme al C. 827, Rev. Msgr. Mark S. Rivituso, Vicar General de St. Louis, concedió el Imprimátur para la publicación de este libro el 7 de junio del 2016. El Imprimátur es un permiso para la publicación que indica que la obra no contiene contradicciones con las enseñanzas de la Iglesia Católica, sin embargo no implica la aprobación de las opiniones que se expresan en ella. Con este permiso no se asume ninguna responsabilidad".

Edición del 2016: Autor P. Dave Heney; Theresa Nienaber y Pat Fosarelli, MD, DMin; Coordinación editorial en español de Gabriel Hernández. Arte/Diseño de Lorena Mitre Jiménez; imágenes: Shutterstock.

Impreso en los Estados Unidos de América. Tercera edición.

LIBROS LIGUORI

Jornada de Fe

- Jesús es "el hijo unigénito, nacido del Padre antes de todos los siglos". Esto significa que el Hijo siempre existió. Tanto el Padre como el Hijo han existido desde siempre y han vivido en la más íntima de las relaciones: "Yo y el Padre somos uno" (Juan 10:30).
- El Espíritu Santo "procede del Padre y del Hijo". El Espíritu procede de ambos, simultáneamente y desde toda la eternidad, pero no es posterior ni en el tiempo ni en el orden.

Las palabras "unigénito" y "procede" expresan energía, movimiento y poder, todo ello en un contexto de unidad, igualdad y amor. Concebir una relación dinámica entre iguales es la clave para entender a la Trinidad.

La imagen de la Trinidad

Cualquier intento de comprender a la Trinidad va a ser limitado e imperfecto, porque Dios está más allá de lo que nosotros los seres humanos podemos entender. La imagen de la Trinidad, aunque imperfecta, puede ayudar.

Las esquinas del triángulo representan lo que no es Dios: las tres personas. El Padre no es el Hijo; el Hijo no es el Padre; y el Espíritu no es ni el Padre ni el Hijo (*CIC* 254).

El Padre, el Hijo y el Espíritu son uno en lo que son, pero son distintos en quien ellos son.

Las obras de la Trinidad

> *"Las Personas divinas, inseparables en su ser, son también inseparables en su obrar."*
>
> *CIC* 267

Cada persona de la Trinidad actúa junto con las otras personas en cada acción divina. Toda la obra salvadora de Dios proviene del Padre, a través del Hijo, hasta llegar a su plena realización en el Espíritu. La meta de la Trinidad para la creación y la historia es unir a los seres humanos en el amor del Dios trinitario (*CIC* 260). Recibimos esta llamada a participar en la vida divina "Por la gracia del bautismo 'en el nombre del Padre y del Hijo y del Espíritu Santo'" (*CIC* 265). San Pablo expresa de una forma muy bella esta experiencia de gracia:

> *"Pero, al llegar la plenitud de los tiempos, envió Dios a su Hijo, nacido de mujer (...) Para rescatar a los que se hallaban bajo la ley (...) Y para que recibiéramos la condición de hijos. Y, como son hijos, Dios envió a nuestros corazones el Espíritu de su Hijo que clama: ¡Abbá, Padre!".*
>
> *Gálatas 4:4–6*

Analiza los pasajes de la Biblia que se presentan abajo y encuentra nombres, roles o características de cada una de las personas de la Trinidad.

Dios Padre

Mateo 19:4 ____________________

Romanos 8:15 ____________________

2 Corintios 1:3 ____________________

Dios Hijo

Mateo 1:23 ____________________

Juan 1:14 ____________________

Juan 10:11 ____________________

Dios Espíritu

Mateo 3:16 ____________________

Juan 15:26 ____________________

Hechos de los Apóstoles 2:1–4 ____________________

El Gloria (doxología)

Una **doxología** es una oración de alabanza y gratitud a Dios.

Gloria al Padre y al Hijo y Espiritú Santo, como era en el principio, ahora y siempre, y por los siglos de los siglos. Amén.

La oración a la Trinidad

Cuando oramos a cada una de las personas divinas, hacemos una experiencia de la Trinidad que supera nuestra limitada capacidad para entender este ministerio.

San Ignacio de Loyola nos ofrece un método de oración sencillo, pero eficaz, que nos puede ayudar a crecer en nuestra relación con la Santísima Trinidad. Nos anima a terminar cada tiempo de oración o meditación haciendo un breve diálogo con cada una de las personas divinas. Tiene que ser un diálogo espontáneo, cordial, muy semejante a la forma en que un amigo le habla a otro amigo:

1. Primero, dile a Dios Padre lo que tienes en tu corazón, expresando tu gratitud y hablándole de tus necesidades y preocupaciones.
2. Después háblale a Jesús de la misma manera.
3. Por último, háblale al Espíritu Santo y pídele su ayuda y su luz.

Escribe en tu diario tres breves oraciones comenzando con estas frases:

Padre celestial...

Señor Jesús, mi redentor...

Dios Espíritu Santo, ayúdame a...

Trata de comenzar y terminar todos los días de esta semana con una pequeña oración al Padre, al Hijo y Espíritu Santo.

***Jornada de Fe para Adultos: Preguntas*, P3 (826931)**
Imprimi Potest: Stephen T. Rehrauer, CSsR, Provincial de la Provincia de Denver, Redentoristas.

Imprimatur: "Conforme al C. 827, Rev. Msgr. Mark S. Rivituso, Vicar General de St. Louis, concedió el Imprimátur para la publicación de este libro el 7 de junio del 2016. El Imprimátur es un permiso para la publicación que indica que la obra no contiene contradicciones con las enseñanzas de la Iglesia Católica, sin embargo no implica la aprobación de las opiniones que se expresan en ella. Con este permiso no se asume ninguna responsabilidad".

Jornada de Fe © 2000, 2017 Liguori Publications, Liguori, MO 63057. Para hacer pedidos, visite *Liguori.org* o llame al 800-325-9521. Liguori Publications, corporación no lucrativa, es un apostolado de los Redentoristas. Para saber más acerca de los Redentoristas visite "Redemptorists.com".

Edición del 2016: Autor P. Dave Heney; Theresa Nienaber y Pat Fosarelli, MD, DMin; Coordinación editorial en español de Gabriel Hernández. Arte/Diseño de Lorena Mitre Jiménez; imágenes: Shutterstock.

Impreso en los Estados Unidos de América. Tercera edición.

LIBROS LIGUORI

Jornada de Fe

¿En qué consiste la fe llevada a las obras?

Algunas veces decimos que creemos en algo, pero no actuamos de acuerdo con esa fe. La fe llevada a las obras exige práctica y valor. Podemos ver la fe convertida en obras en el comportamiento de otros y en nuestras propias decisiones y conducta:

- Preferir actos de generosidad por encima de nuestros propios intereses.
- Actuar siempre movidos por buenas intenciones y concediendo a los demás el beneficio de la duda.
- Acercándonos a los extraños o a aquellos que tienen una reputación pobre.
- Participando en el diálogo y en los debates civiles para encontrar el mayor bien para todos y las mejores soluciones.

Los católicos ven en todos estos actos una forma en que Cristo se hace presente. Jesús a menudo dijo a aquellos que sanaba o perdonada: "Tu fe te ha salvado". En todos esos casos, aquellas personas vivían su fe en su interior y la manifestaban en sus acciones:

Lucas 7:37–47
La mujer que lavó los pies de Jesús con sus lágrimas

Mateo 8:6–8; Lucas 7:2–7
El centurión que dijo a Jesús que su siervo sanaría con una palabra del Maestro

Mateo 9:20–21; Marcos 5:25–28
La mujer que tocó el manto de Jesús

> *"Yo les aseguro: si tienen fe como un grano de mostaza, dirán a este monte: 'Desplázate de aquí a allá', y se desplazará, y nada les será imposible".*
>
> *Mateo 17:20*

Como dijimos antes, podemos apoyarnos en la fe incluso en los momentos de dificultad. Todos pasamos por momentos de confusión, duda y temor. Puede suceder que no logremos aquello que nos propusimos o que nos encontremos tratando de controlar demasiado las cosas. En esos momentos, podemos apoyarnos en nuestra fe en vez de dejarnos arrastrar por el desaliento y la desesperación. Sigue los siguientes pasos para presentar a Dios en la oración tus preocupaciones:

1. Serénate, confiando en Dios que se preocupa con amor por ti. Cristo pacientemente ha estado a la puerta de tu corazón y llama, listo para entrar y quedarse contigo (Apocalipsis 3:20).
2. Haz una oración en la que le presentes a Dios tu problema o dificultad: "Señor, te doy completamente ______________. Ayúdame a despreocuparme de esta dificultad y a confiar en ti".
3. Pídele a Dios que te ayude a reconocer tu parte de responsabilidad, sin importar si fue buena o mala, y que te ayude a conformar tu voluntad con la suya. Si se te ocurre una solución, pídele que te conceda fortaleza para llevarla a la práctica.
4. Agradece a Dios su bondad y vuelve a tus ocupaciones abierto a aceptar cualquier cosa que el Señor disponga.

- *¿Qué puedes presentarle a Dios esta semana?*
- *¿Cuáles son tus esperanzas y temores sobre este problema?*
- *¿Qué implicaciones tendría para ti dejar ese problema en las manos de Dios?*

¿Cómo podemos nutrir nuestra fe?

Leer

Leer la Biblia y los escritos de santos o autores contemporáneos nos ayuda a vencer las tentaciones y nuestra inclinación al egoísmo. La lectura espiritual nos acerca a la sabiduría de otros que también han realizado una jornada de fe como nosotros.

Estilo de vida

Las almas que tienen fe crecen en el amor a Dios y lo comparten con otros. Si se hacen con fe y esperanza cosas como divulgar la Buena Nueva de Jesús, hacer buenas obras o evitar lo que nos daña moralmente, todo ello se convierte en un gozo y no en un peso.

> *"¿De qué sirve, hermanos míos, que alguien diga: 'Tengo fe', si no tiene obras? (...) Si un hermano o una hermana están desnudos y carecen de sustento diario, y alguno de ustedes les dice: 'Vaya en paz, caliéntense y hártense', pero no les dan lo necesario para el cuerpo, ¿de qué sirve? Así también la fe, si no tiene obras, está realmente muerta".*
>
> *Santiago 2:14–17*

- *¿Se refleja en tu forma de vivir aquello en lo que crees?*

La oración

Pasar tiempo juntos es algo vital para cualquier relación. Crecemos en nuestra relación con Jesús cuando le hablamos y lo escuchamos en la oración.

> *"Y todo cuanto pidan con fe en la oración, lo recibirán".*
>
> *Mateo 21:22*

Participar en la vida de comunidad

El individuo cristiano es solo una parte del cuerpo de Cristo, la Iglesia. Necesitamos estar abiertos a los dones que Dios nos concede a través de su comunidad. Recibimos apoyo tanto de su sabiduría como de sus habilidades, y contribuimos a su unidad y fortaleza en general.

Compartir tu jornada de fe con el equipo del RICA, con tu padrino o animador, con la parroquia y con toda la Iglesia, te ayudará a experimentar el don de la comunidad y podrás contar con el apoyo de una red de amigos que todos necesitamos.

Anota las preguntas que tengas sobre la fe, la religión o la Iglesia Católica. En algún momento de esta semana, acércate a un católico que conozca bien su fe, a un miembro del equipo del RICA, o a algún miembro de la parroquia —quizás a alguien que podría ser tu animador— y pídele que te ayude a responder a esas preguntas. Si no te pueden responder a una pregunta inmediata o completamente, fija otra cita para hablar de ello o pídele que te refiera a la persona o a los recursos de formación que te podrían ayudar.

Jornada de Fe para Adultos: Preguntas, P2 (826931)
Imprimi Potest: Stephen T. Rehrauer, CSsR, Provincial de la Provincia de Denver, Redentoristas.

Imprimatur: "Conforme al C. 827, Rev. Msgr. Mark S. Rivituso, Vicar General de St. Louis, concedió el Imprimátur para la publicación de este libro el 7 de junio del 2016. El Imprimátur es un permiso para la publicación que indica que la obra no contiene contradicciones con las enseñanzas de la Iglesia Católica, sin embargo no implica la aprobación de las opiniones que se expresan en ella. Con este permiso no se asume ninguna responsabilidad".

Jornada de Fe © 2000, 2017 Liguori Publications, Liguori, MO 63057. Para hacer pedidos, visite *Liguori.org* o llame al 800-325-9521. Liguori Publications, corporación no lucrativa, es un apostolado de los Redentoristas. Para saber más acerca de los Redentoristas visite "Redemptorists.com".

Edición del 2016: Autor P. Dave Heney; Theresa Nienaber y Pat Fosarelli, MD, DMin; Coordinación editorial en español de Gabriel Hernández. Arte/Diseño de Lorena Mitre Jiménez; imágenes: Shutterstock.

Impreso en los Estados Unidos de América. Tercera edición.

LIBROS LIGUORI

Jornada de Fe

Entender la fe es tan importante como tener fe y lleva tiempo. Ven con corazón y mente abiertos. Aprende lo más que puedas.

Cada semana se te invitará a reflexionar en las palabras y las acciones de Cristo y a ser testigo o incluso a practicar algunas formas de comportamiento propiamente católicas para saber si te sientes llamado a este estilo de vida.

Las etapas del RICA

1. **Preguntas** (*evangelización y precatecumenado*): durante este periodo, cada quien puede probar y hacer las preguntas que quiera sobre la fe católica. No se hace ningún compromiso o promesa.Esta etapa puede ser tan larga como tú quieras— desde unos cuantos meses hasta varios años.

2. **Catecumenado**: La palabra proviene del griego, la lengua que hablaba la Iglesia al inicio. Catecúmeno significa "persona que está siendo instruida". Durante este periodo, vas a estudiar y a discutir los principales puntos de la Doctrina Católica. Tendrás también un **padrino** o un **animador** que te acompañará en tu jornada. Esta persona puede ser un católico, un amigo virtuoso y sabio o alguien de la parroquia propuesto por el equipo. Tu animador debe asistir a las sesiones del RICA contigo y estar disponible para aclarar las dudas que puedas tener. Él o ella también es tu representante o abogado ante la Iglesia.

3. **Purificación e iluminación** (*Cuaresma*): Esta etapa tiene lugar en las semanas previas a la Pascua y puede incluir cualquiera de los ritos opcionales. En ella se presta más atención a la oración que a la instrucción. Es un tiempo dedicado a una preparación espiritual más profunda para recibir los sacramentos. Después, la noche previa a la Pascua, durante la Vigilia Pascual del Sábado Santo, quienes han terminado su preparación entran a formar parte del Iglesia al recibir los **sacramentos de iniciación**: Bautismo, Confirmación y Eucaristía.

4. **Mistagogia** (*catequesis postbautismal*): este es el último periodo y por lo general dura varias semanas, desde la Pascua hasta Pentecostés. Es un tiempo para reflexionar en los misterios de los sacramentos y para que comiences a vivir tu nueva fe de forma práctica.

¿Por qué debo ir a Misa y participar en las actividades de la parroquia?

La Iglesia celebra la Misa porque Jesús nos invita a hacer eso "en recuerdo suyo" (cf. Lucas 22:19). En la adoración, la oración y la santa Comunión, los católicos se unen con Dios y entre sí. El Señor también nos dice que esa unión es real: "Porque donde están dos o tres reunidos en mi nombre, allí estoy yo en medio de ellos" (Mateo 18:20).

Si bien podemos —y debemos— orar y estudiar solos, el Señor también quiere que experimentemos su amor como parte de una comunidad. La fe es privada y pública y —como en cualquier relación de amor— Dios no quiere que camines a solas o que guardes tus sentimientos para ti mismo. Cuando el amor se expresa y recibe en público, se hace más fuerte, más real y motiva a otros a hacer lo mismo. Así, cuando los miembros de tu parroquia son testigos del camino que estás realizando —y tú mismo o tú misma te das cuenta de cómo los demás crecen en su fe— se animan unos a otros a seguir adelante.

- *Di el nombre de un católico al que admires. ¿Qué es lo que admiras de él o de ella?*

¿Por dónde empiezo?

- **Acércate con corazón abierto:** ten un verdadero deseo de aprender.
- **Pregunta:** prepárate para afrontar y analizar tus preocupaciones.
    - **Habla con mentores prudentes:** permite la comprensión de la fe católica crezca por medio de conversaciones con buenos amigos en la fe.
    - **Reza para que se te conceda la sabiduría:** pídele a Jesús lo que necesitas y síguelo.
    - **Lee el Catecismo de la Iglesia Católica (*CIC*):** Un **catecismo** es una síntesis de enseñanzas religiosas que facilita la enseñanza de la fe. Ve en este libro una valiosa ayuda para la jornada de fe que estás emprendiendo.
    - **Lleva un diario:** anota las preguntas y respuestas, y pensamientos en general sobre las reflexiones que vayas haciendo para crecer en tu fe y en tu vida de oración.

JORNADA DE FE PREGUNTAS

Escriban tres hechos de su vida en una ficha de papel y combinarlos todos juntos. El líder las leerá en voz alta. Mientras lo hace, traten de adivinar a quién pertenece cada una.

Jornada de Fe para Adultos: Preguntas, P1 (826931)

Imprimi Potest: Stephen T. Rehrauer, CSsR, Provincial de la Provincia de Denver, Redentoristas.

Imprimatur: "Conforme al C. 827, Rev. Msgr. Mark S. Rivituso, Vicar General de St. Louis, concedió el Imprimátur para la publicación de este libro el 7 de junio del 2016. El Imprimátur es un permiso para la publicación que indica que la obra no contiene contradicciones con las enseñanzas de la Iglesia Católica, sin embargo no implica la aprobación de las opiniones que se expresan en ella. Con este permiso no se asume ninguna responsabilidad".

Jornada de Fe © 2000, 2017 Liguori Publications, Liguori, MO 63057. Para hacer pedidos, visite *Liguori.org* o llame al 800-325-9521. Liguori Publications, corporación no lucrativa, es un apostolado de los Redentoristas. Para saber más acerca de los Redentoristas visite "Redemptorists.com".

Edición del 2016: Autor P. Dave Heney; Theresa Nienaber y Pat Fosarelli, MD, DMin; Coordinación editorial en español de Gabriel Hernández. Arte/Diseño de Lorena Mitre Jiménez; imágenes: Shutterstock.

Impreso en los Estados Unidos de América. Tercera edición.

LIBROS LIGUORI

ISBN 978-0-7648-2693-1

90000>

9 780764 826931